STORY OR DIE
故事魔力

[美] 丽萨·克龙 著　刘斌 译
Lisa Cron

中国出版集团
中译出版社

图书在版编目(CIP)数据

故事魔力 / (美) 丽萨·克龙著；刘斌译. -- 北京：
中译出版社，2022.6
书名原文：Story or Die: How to Use Brain Science to Engage, Persuade, and Change Minds in Business and in Life
ISBN 978-7-5001-7083-9

Ⅰ. ①故… Ⅱ. ①丽… ②刘… Ⅲ. ①语言艺术-通俗读物 Ⅳ. ① H019-49

中国版本图书馆 CIP 数据核字 (2022) 第 094773 号

Copyright © 2021 by Lisa Cron
This edition arranged with DeFiore and Company Literary Management, Inc. through Andrew Nurnberg Associates International Limited
The simplified Chinese translation copyright 2022 © by China Translation & Publishing House
ALL RIGHTS RESERVED

著作权合同登记号：图字 01-2022-2543

故事魔力
GUSHI MOLI

出版发行 / 中译出版社
地　　　址 / 北京市西城区新街口外大街28号普天德胜大厦主楼4层
电　　　话 / (010) 68005858，68358224 (编辑部)
传　　　真 / (010) 68357870
邮　　　编 / 100088
电子邮箱 / book@ctph.com.cn
网　　　址 / http://www.ctph.com.cn
策划编辑 / 范　伟
责任编辑 / 郑　南　范　伟
营销编辑 / 陈倩楠　曾　顿
版权支持 / 马燕琦　王立萌
封面设计 / 光合时代
排　　　版 / 潘　峰
印　　　刷 / 北京顶佳世纪印刷有限公司
经　　　销 / 新华书店
规　　　格 / 710mm × 1000mm　1/16
印　　　张 / 20.25
字　　　数 / 223千字
版　　　次 / 2022年6月第一版
印　　　次 / 2022年6月第一次
ISBN 978-7-5001-7083-9　定价：68.00元

版权所有　侵权必究
中　译　出　版　社

目录

序　I

第一部分　故事是我们的生存指南

　1　无故事必死亡，这样说并不夸张　03
　2　忘记事实　24
　3　拥抱情感　48
　4　故事：大脑的需要　71

第二部分　你的受众，他们的故事，你的观点

　5　你眼里的受众　97
　6　受众眼里的自己　119
　7　识别受众潜在的抵触　137
　8　你的故事要点是什么　163

第三部分　创造你的故事

　9　核心冲突　187
　10　保持具体　210
　11　如果，之后，因此　231
　12　独一无二的"觉醒"时刻　253
　13　你笔下的"觉醒"时刻　272

附录　277
致谢　306

序

> 会讲故事的人掌控世界。
> ——美洲霍皮族格言

飞机降落在拉瓜迪亚机场时,我长长地舒了口气。我的航班因天气原因而延迟,所幸航行时间比预计的要短,弥补了飞机延误的时间,我才能按时抵达曼哈顿中城,参加筹备了数月的会议。

然而,飞机并未滑行至航站楼,而是在机场的跑道中间骤然停下。从摇摇晃晃的舷梯下了飞机后,看见摆渡车呼啸而至,又载着我们驶向远处的航站楼,我越发感到不安。到了航站楼,我匆忙跑向出口,此时才知晓机场正在整修,现场狼狈不堪。我急忙环视四周,想寻找出租车或者公交车之类的交通工具。另一位神色疲惫的旅客拍了拍我的肩膀,指了指前面排着的长队。原来所有的地面交通工具都在数英里之外,需要乘摆渡车才能抵达,而这条仿佛没有尽头的队伍就是在等候摆渡车，前途未卜。

　　煎熬了40多分钟才坐上摆渡车，毫无疑问，我肯定是赶不上会议了。但令人无法接受的并不是这件事。毕竟，机场需要升级，整修在所难免，发生延误也是没有办法的事情，我完全能够理解。真正难以令人接受的是摆渡车在一片狼藉中缓慢行驶时，循环播放的录音。录音中的男子声音欢快，先向旅客致歉，然后开始解释眼下给大家造成的种种不便其实是很有必要的，因为新航站楼的雅致、流畅的外观会令人叹为观止。紧接着，他滔滔不绝地称赞，未来透过新机场的落地窗能看见法拉盛湾全景；新机场将采用最顶尖的建筑设计风格；有大批高档餐厅供旅客选择；新航站楼空间宽敞，令人惬意，等等。

　　言下之意是旅客理应为机场建设做出微不足道的牺牲，这种牺牲能够换来一座美轮美奂的建筑作品。但是他们错了，在旅客看来，话里所传达的信息迥然不同。话里话外都表明了机场完全不在乎旅客当下的感受。显然，他们从未考虑过耽误的时间将对旅客带来什么影响，完全没考虑过旅客可能赶不上车，产生的疲惫感或者沮丧情绪。我们旅客的感受无关紧要，所有的一切都要让位于机场整修。

　　机场方面确信，只要他们站在自己的视角向旅客阐明事实，即新机场将会呈现出无与伦比的景象，那么旅客就能换位思考，认为雅致的新航站楼比起自身的不便更重要。显然，该音频脚本的创作者从未体验过我们经历的事情。但凡他们有过这样的经历，故事就不会是这个样子了。机场会关注旅客的需求，而非其自身的需求。机场因为整修给旅客造成了不便，本无可厚非，但他们让我们知道的是，我们需要为这种后果买单。对于旅客而言，耽误旅客时间的这种行为百害而无一利，而机场在一次次地加剧旅客的这种印象。

美国新闻最高奖项"普利策奖"的媒介批评家艾米丽·努斯鲍姆（Emily Nussbaum）最近在推特上发文："拉瓜迪亚机场最近到底在搞什么鬼？让人走半天才能到达出租车的停靠点，但停靠点附近并没有出租车，想要乘坐出租车，还得再乘一段摆渡车。摆渡车上的旅客都很愤怒，结果还有一个欢快的声音解释这个糟糕的流程是多么的合理，吹嘘着重建后的机场将是多么金碧辉煌，殊不知每个人的眼神中早已透露怒气。"

正是如此。

记住，在说服受众的时候，你讲的内容要和受众的世界观、价值观、他们所关心的事情和对自我的认知产生联系。只有先了解对方的立场，你的话对方才可能听得进去。否则，只会让他们坚信一点，那就是你对他们一无所知。

在接下来的内容中会详细介绍，"事实"是无法说服人们的。这并不是因为人们顽固、不理性或愚昧，而是因为"事实"是普适的，但需要进一步阐释。这种阐释就是我们用于解释周围世界的自我叙事，即"故事"。故事在语境中嵌入事实，这样我们才能理解它们的意义和价值。

起先，我们的语言交际手段只有动作、手势、面部表情、声音等，但自从语言诞生后，讲故事就可以说服人们认同他们本不认同的事情，因为故事能够与人们的"经验"产生共鸣。故事关乎我们的存亡，会讲故事的聪明人都知道这一点，否则我们的祖先怎么能够说服他们的部落使用火苗，而不是见到火就跑呢？

同理，在说服自己的受众时，你创造的故事要引起对方的共鸣。唯有如此，他们才能理解为什么要进行这件事、这个产品或这项事业。如果能做到这一点，你就会发现自己不仅能改变人们的想法，改变人们的生活，甚至还能拯救别人的生命。

2013年，巴西政府就利用故事取得了这样的效果。当时，巴西正面临着一个严重的问题，器官捐献者的缺口越来越大，等待接受捐献的名单长得令人绝望，许多人因等不到捐献的器官而遗憾地死去。相比之下，机场延误显得微不足道。

缺少器官捐献者是全世界各国都面临的问题。在美国，只有40%的人在驾照上的"器官捐献者"处打钩。人们深知，捐献器官能帮助到有需要的人，可以拯救生命，而且人总有一天会死亡。那为什么不捐呢？

你可能会认为，人人都该打钩，其实不然。

首先，要接受"某一天自己也会离开这个世界"的这个事实本身就很不容易。我记得大学上哲学课的时候，教授谈到过这个话题，他说："每个人都会死。"而我当时想的是"是的，每个人都会，但是我不会。"19岁的年轻人产生这种想法很正常，很多事情都虚无缥缈，死亡也一样。

其次，即使人们接受了死亡是每个人的宿命，也无法直接令人们在"器官捐献者"处打上钩。想想吧，你自己的心脏将通过外科手术从胸腔里摘除，放进冰里，迅速送往某处……想想都令人发怵。

最后，在"器官捐献者"处打上钩还会导致更负面的揣测。例如，医生会不会在得知你是器官捐献者之后，故意不尽全力为你治疗？万一医生的母亲就是等待心脏移植的病人，你的心脏恰好与她的相匹配，尽管你没病重，医生也要设计害你，这该怎么办？有谁敢冒这种险？

看看，光是讨论这个问题就能看出困难重重，更别说要解决这个问题了。

在巴西，募集捐献者更加困难。因为驾照上根本没有"器官捐献者"这一选项，一旦捐献者去世，没有东西可以证明他是否同意捐献器官，器官捐献就需要经过亲人同意，但是这些悲痛欲绝的亲人对他们所爱之人是否有器官捐献的意愿一无所知时，通常会拒绝捐献。导致的结果就是整个巴西的器官捐献者短缺，这也意味着成千上万本可以得到救治的病人，因没有可匹配的器官而死去。

巴西政府并非没有尝试改变，在当地组织了一系列旨在提高人们思想意识的活动，用逻辑严谨的文本摆出了事实与数据，号召人们履行公民义务，然而却毫无作用。

要知道，即使用最理性、最客观的语言来劝说别人改变行为方式，那也是在暗示其之前的行为是错误的，否则何必改变呢？况且，有谁希望别人教自己应该做什么？没有人会因为被批评两句就做出改变，人们只会因为自己想要改变而改变。

那么，如何让人们自发地改变自身行为呢？"无故事必死亡（Story or Die）"用在这里再贴切不过了。

应该用什么样的故事才能改变人们的观念呢？巴西奥美广告公司受巴西政府的委托要推出全新的公益宣传活动，而这个故事就是他们的开端。奥美广告公司知道，只要提到"死亡"这个话题人们就会惴惴不安，会因外部提出的要求而受到刺激，就好像爱人对自己说"你有时间吗？我们需要好好谈谈"一样，这只会增加人们的警惕性，让人们故步自封。而当内容涉及死亡时，无论我们是否承认，大多数人都暗自希望能得到永生，能够永远追逐热爱的事物、追求理想信念和我们所热衷的一切。

人们对永生的向往成为奥美广告公司的出发点。奥美广告公司和过去巴西政府宣传的不同点在于，他们关注的是他们想要改变的人本身，而不是纠结于他们想要这些人做出的改变。

问题来了，巴西人最热衷于什么？奥美广告公司认为，要让人们做出改变，宣传就要从挖掘巴西人真正在乎，且有高度认同感的事物入手。热情难以隐藏，所以他们没有耗费太长时间就找到了。如果有一件事物足以让所有巴西人为之疯狂，那只能是足球。绝大多数的巴西人都是累西腓足球俱乐部的球迷，这些球迷对足球的狂热闻名拉美。球迷的狂热跨越代沟，将巴西人凝聚在一起，形成一个广阔的社群。他们向累西腓足球俱乐部承诺将永远热爱足球，万众一心。

故事有了！如果在辞世之后，球迷的心脏依然可以为热爱的足球俱乐部跳动，眼睛依然可以观看比赛，灵魂依然可以为俱乐部誓死效忠，他们的反应会如何呢？

于是，"球迷永生"的宣传活动正式诞生。

标语："累西腓足球俱乐部拥有巴西最热情的球迷，他们希望能永远追随累西腓足球俱乐部。现在，机会来了"。

奥美广告公司制作的获奖视频是以一位热情洋溢的年轻球迷开场，她一边欢呼，一边呐喊着："我们是最棒的粉丝，无与伦比！世界第一，无人能及！累西腓就是一切！"

谁会希望一切终结呢？而且急需器官移植的病人非常乐于帮忙。

"我向你保证，你的眼睛会始终注视着累西腓。"一位盲人宣誓。

"你的肺会为累西腓呼吸。"一位看上去还不到20岁的男子保证道。

一位特别年轻的姑娘承诺："你的心脏将永远为累西腓跳动。"她抹着眼泪，笑容里充满了希望。

球迷听见了。其中一位球迷说："我死后仍然是累西腓的铁粉，我的灵魂属于累西腓。"

另一位球迷甚至在考虑来世要如何击败对手："我捐献器官之后，要把我的肺移植到对手球迷的身体里，这样他就会用累西腓的肺呼吸。"

一切归于累西腓足球俱乐部，就连死亡也无法阻拦，这个构思非常高明。这场宣传有效地消除了人们对死亡的恐惧，取而代之的是对于永生的承诺。

这场宣传活动的号召清晰、简单、具体。球迷可以在比赛现场或通过网站注册成为器官捐献者，随后会得到一张认证卡片，卡片可以放在钱包中随身携带。当死亡来临的那一天，家人就能了解他们的意愿。这个卡片是忠诚的徽章、荣誉的徽章。更重要的是，他们乐于告诉家人这个消息，可能还会鼓励家人也成为捐献者。一时之间，全巴西的人都开始谈论这个原本在现代文明社会中难以启齿的话题。

捐献器官已经成为人们认识自己的一种方式，因为它满足了人们与生俱来的渴望，提供了一种归属感和认同感，使人们获得在重大事件中的参与感，并以另一种方式延续了人们的生命。另外，器官捐献还有一种浪漫的情怀，人们都希望死后能够永远扎根于球队，在最后一分钟踢进决胜的关键一球。

活动产生的结果超出了所有人的预想。2013年年底，持器官捐献者卡片的球迷已多达5.1万人，器官捐献率上升了54%。等待心脏移植、眼角膜移植的病患数量当年首次清零。而这股浪潮并没有结束。2014年，印发的器官捐献者卡片超过6.6万张，其他的一些国家开始纷纷效仿巴西。

与这场活动的策划者一样，无论你的目标是说服客户、消费者、选民，还是孩子，要说服他们改变，让其相信原本不相信的事情，你会面临很多的挑战。在此之上，还要做到不得罪受众，不使他们感到厌烦。

要达到这个目标只有一种途径，那就是构思一个故事，而这个故事与受众的自身产生共鸣，而不是形成威胁。

没有什么事情比说服别人改变想法更难，这一点我无须多言。无论是让人们给另一个政党投票，还是说服别人疫苗是安全的，抑或是劝朋友换款牙膏，人们都不会轻易改变自己的立场。你会感觉自己不停地碰壁，不明白为什么事实如此明确，改变的好处再多他们也无动于衷。正如我们所了解到的那样，这并非因为说服的对象非常固执，而是因为我们的思维具有惯性，我们的大脑从原始部落就开始形成这种惯性，目的是维持每天的生存。现在，我们经常面临来自新部落主义的挑战，仅仅靠事实无法说服别人，这点越来越明显了。

要想成功改变人们的思维，首先得从人脑的机能出发，了解它的挑战性在哪里。认识到这一点，就可以帮助你驾驭故事的力量，从而改变人们看待世界的方式。

故事不是吸引、说服和鼓舞他人的一种方法，而是"唯一的途径"。这可能是我职业生涯中最出乎意料的感受。

几十年来我一直在思考，故事为什么会吸引我们？如何开始写好故事？

一开始我从事出版行业，后来做电视节目，之后我成了华纳兄弟和其他工作室的编剧顾问、纽约视觉艺术学院艺术专业硕士的讲师，现在我是一名私人剧本导师。这些年来，我一直与小说家、传记作者和编剧共同工作，他们中的许多人已成为业内名人。我的发现令我震惊，是什么抓住了我的注意力，是什么引起了我的关心，让我继续阅读？这与情节无关，与写作手法无关，与外在的戏剧性无关，与华丽的辞藻也无关，最终吸引我的是故事中那些影响着主人公信念体系的事件，它们让主人公的信念随着故事的推进而转变。

但是，这又是为什么呢？

通过挖掘与故事相关的神经科学的研究，以及其与认知心理学、进化生物学的交集，我找到了答案。我发现了故事进入大脑的机理，以及背后的科学。这也是为什么当我们对一个故事着迷时，故事可以改变我们看待事物的方式。这也是为什么故事是我们所拥有的最有力的、最具有变革性的沟通工具。

我的故事将如何影响你？你的目标是改变受众的看法，而我的目标则是通过这本书帮助你实现这一目标。

为此，我们将在第一部分探索我们大脑与故事的联系，了解大脑如何处理新信息，如何将事实变成叙事，然后誓死捍卫这种认知。明白这些内容之后，在第二部分，你将通过回答两个关键但常被误解的问题，找到受众潜在的抵触点。第一，你的受众是谁？第二，你对他们有什么要求？第三，你会一步一步地开始创作自己的故事，这个故事将改变受众看待世界的方式，消除他们自身的抵触，并使他们响应你的号召。

最神奇的一点是，巴西政府摆出的逻辑、事实、数据只是发出了单向的请求，而累西腓足球俱乐部的球迷却能让全巴西的人民都加入拯救生命的活动，形成双向的沟通。与之相同，受众不会因为你的要求就开始行动，只有在他们自己想做的时候，自己真正感到该做的时候，他们才会发生改变。

而这正是故事的力量。

第一部分
故事是我们的生存指南

1. 无故事必死亡，这样说并不夸张

> 一旦大脑获得了一种简单的能力——讲故事，意识就产生了。
> ——神经学家 安东尼奥·达马西奥（Antonio Damasio）

若干年前，新泽西州有个学区邀请我帮助老师把故事和写作教学结合在一起。

教育局局长知道故事是写作的基础，没有故事的作文只是空谈，他也深知理解故事是培养批判思维的基石，但他此次请我来并不是基于这两个原因。

虽然这两点都是事实，但他邀请我的真正原因是学区标准化考试的成绩并不理想。他希望通过我的帮助，让学生学会通过故事来提高成绩。

很快，我就弄明白了问题所在。老师本身就很厌恶考试，更别说还得强迫学生们为应试而死记硬背。

我第一次与学区教职工开会时,一位 5 年级的教师对应试教育苦恼久矣。他说,自己要花数月时间教学生可能一辈子都用不到的知识,而这么做的唯一原因就是应对考试。

另一位教师会直截了当地向孩子们摊牌:"听着,虽然你们现在所学的 90% 的知识在生活中都用不到,考完试你们马上就忘了也没关系,但我们现在必须得学。"他说至少自己很诚实,而且在为应试而强迫学生背无数量化的考点时,可以和学生一起翻翻白眼。

"量化"是一个关键词,也具有一些令人悲哀的讽刺意味。能出考题的知识点都是可量化打分的,而最容易量化的是数据。因此,我们将数据视为重中之重,背数据才能得高分,才能向世界证明我们很聪明。

这传递出一个信息——记忆数据的能力是智力的标志。

实际上,记忆数据的能力并不是智力的标志,另外一种能力才是人类在众多物种中脱颖而出的基础,那就是让他人理解自己的能力。但是我们错误地认为事实的力量更为强大,这让许多人都无法表达自己的想法,也让情况变得更加糟糕。

有一次,我给一所学校 7 年级的学生上了一堂语文课,让 12 岁左右的学生感受故事与事实的差异。在这堂课上,我深切地感受到了这一矛盾。我为课堂准备了一个完美的案例,因为我上课的那一天恰好是 1964 年第 36 任美国总统约翰逊提交"向贫困宣战"法案的 50 周年纪念日,《华尔街日报》分别发表了一位共和党众议员和一位民主党参议员就这一主题的辩论性社论。

这两篇社论并排刊登,可以看出写作风格迥然不同。我指的不是他们的意识形态的差异，而是叙述方式。

学生们围了一圈，坐在地板上，认真地听我开始读第一篇社论的开头。"我担任参议员虽然只有短短 3 个月，但已目睹国会党派的纷争。纷争让我们无法达成共识，团结协作，去解决最紧迫的问题。"

文章列举了一些抽象概念和统计数据，然后继续写道："令人高兴的一点是，贫困受到了更多人的关注。但是一旦我们陷入国内政治看似一刀切的二元对立陷阱，就会走向衰亡。"

"要让数据，而非僵化的政治立场或意识形态言论来推动国会议程，我们要清楚以下事实：经济顾问委员会最近公布的报告显示，通过联邦政府过去 50 年的努力，老龄人口的贫困率已从 1960 年的 35% 降至 2011 年的 9%；绝对贫困人口（生活水平低于贫困线的 50%）降至 5.3%；算上税务减免和支付政策，贫困人口整体减少了 1/3。"

我仔细观察学生们的肢体语言，很明显，他们在努力理解。毕竟，对于这个班而言我是一位客人，他们想要表现得有礼貌些。但他们的眼神发直，很显然在说："什么意思？"

之后我开始读第二篇社论，开头是这样的：

"有一天，在密尔沃基市的普拉斯基高中，2 名学生打了起来，老师想将他们分开，但其中 1 名学生玛丽安娜，死活都不听劝。"

讲到这里，孩子们都伸长脖子听，脸上呆滞的表情也不见了。

故事继续：

"然后，学校广播通知'露露'前往处理。露露一到，迅速化解了冲突。普拉斯基高中的教学人员和行政人员里只有露露能安抚玛丽安娜。露露是露易莎女士的外号,她是普拉斯基高中'零暴力区'项目5位年轻的指导教师之一。该项目的指导教师大多数是近几年从普拉斯基高中毕业的校友,他们身上的伤疤表示,他们在较为混乱的中心街区长大。他们曾混过帮派,亲历过暴力。虽然他们没有获得过学位或国家证书,但他们身上有更重要的东西——安全感。年轻的指导老师们能够理解学生的处境,因为他们也有过同样的挣扎。"

当我读完以后,我问学生们:"哪篇社论更吸引你们?"

大家不约而同地选择了第二篇,也就是讲故事的那篇。

但当我问他们"哪篇写得更好"时,答案却令我震惊。

"第一篇。"

"为什么?"我问道。

一位同学回答说:"因为第一篇的作者更加聪明。"

"好吧,"我接着问,"那哪位同学知道第一位作者想表达什么呢?"

学生们眨了眨眼睛,然后集体摇头。

我又问:"你们能想起来作者在文章中写了什么吗?随便什么内容都可以。"

整个班级的人都羞怯地摇了摇头。一个孩子插话说:"但他肯定很聪明!"

问题就出在这里,事实、图表和数据让我们看起来很聪明,也让我们觉得自己很聪明,但单凭这些东西并不能表达我们的观点,也不能让人记住我们所说的内容。这意味着，这些东西在我们实现沟通顺畅、吸引他人注意、说服他人和激励他人时，也就是在真正体现我们智力的时候，几乎毫无用处，但这些才是我们真正想要的。我们渴望被理解、被倾听，渴望对世界产生影响，这些是写在我们每个人基因里的需求。

不幸的是，我们的基因"操作手册"中没有关于如何传达我们真正观点的说明。因此，我们犯了自语言诞生以来，人们就一直犯的错误：我们用语言解释，用细节表达。我们惯用分析性的论据、图表、图形、统计数字和大量错综复杂的支撑数据来表达自己的观点，而这些数据往往比一把安眠药或一杯热巧克力更容易让人犯困。受众听不下去，开始走神、玩手机，或者思考午餐要吃什么。这样一来，我们为了让受众知道、思考、行动而做出的论述，瞬间变成了受众耳旁的噪声。

真是令人失望，不是吗？

受众就像那些7年级的学生一样，并不是故意不听你说话，也许他们一直都在试着集中注意力，但无论他们如何努力，思想却一直在游离，就像伸缩的牵引绳永远也拴不住一只好奇心旺盛的小狗一样。

在你开始自责之前，有件事应该知道，这也不完全是你的错。就像那"非常聪明"的参议员一样，你热情地展示事实、图表和统计数字，这一点你做得十分出色，你的逻辑、幻灯片和你的成本效益分析也都做得很到位。你的受众听不进去，是因为这并不是人们接收信息的方式，尤其是当你传达的信息想要激励人们尝试新事物时。

换句话说,和第一篇社论的作者一样,你从一开始就注定要失败了。

直接地把事实砸过来,受众就会低头躲开。把这些事实包装成活灵活现的故事,受众就会被吸引过去。这不是大家主观的选择,是因为在生理上,我们无法抗拒引人入胜的故事。这听起来很不可思议,但事实就是如此。人类行为学家珍妮弗·阿科尔(Jennifer Aaker)博士指出:"我们从故事中所掌握的知识,相比从分析中学到的知识要牢固22倍。这个原因就是驾驭故事的能力,这样做能够让你准确掌握受众消化你每个观点的过程。"

故事工具

赤裸裸的事实砸过来时,我们就会低头躲开。把这些事实包装成活灵活现的故事,我们就会被吸引过去。

这就是为什么本节将探讨我们如何接收信息、处理信息,以及如何通过这些信息做出决定。之所以要讨论,是因为几乎所有的信息,从接收到分析,都是由我们的大脑无意识完成的。接下来,我们将深入探讨为什么人对故事的力量视而不见,同时揭秘"客观事实"的神话,顺便扭转故事只是为娱乐而存在的观念。最后,本章将深入探讨故事在人类进化中的作用,证明它对过去和现在同样重要。当我们的祖先生活在小部落里时，内部联系紧密，故事关系到人类的存亡。事实上，现在人们在许多方面仍旧保留了原始的生活模式。

深藏不露的无意识认知系统

我记得在好几年前听过这样一句话："在中世纪，一份《纽约时报》的周日刊所囊括的信息，比人一辈子所学到的知识还要多。"

如今，即使像报纸这样的信息载体也变得古板老套，早已过时了。在21世纪，信息不再放在信箱里等我们取回，利用闲暇时间进行翻阅。自互联网出现后，信息无时无刻不从四面八方席卷而来，像炮弹轰炸一般。特别是现在，大部分信息都是未经整理的，所以不仅信息量成倍增加，而且我们也很难厘清信息发送者的真正目的。

更令人惊讶的是，与每秒都在轰炸你五感的现实世界的信息量相比，通过互联网向你袭来的信息只是微不足道的一丁点儿。正如我在我的第一本书《你能写出好故事》中指出："人类每秒接受的信息量相当于11,000,000比特。"你敢想象吗？每秒钟11,000,000比特！我知道，这听起来难以置信。如果要处理这么大的信息量，你的意识将会怎样？如果你每一个决定都要审慎地做出，工作量会多大？据统计，我们每个人每天大约做出35,000个选择，关于食物的选择就有226个。难怪人们都很难选择晚餐吃什么。

不过好消息是，在日常所做的35,000个选择中，只有大约70个需要仔细思考。而且这 70 个选择中的大部分都是像"我应该穿黄色袜子，还是绿色袜子"之类的事情。换句话说，除非你们家是生产黄色袜子的，否则这个选择对你来说并不重要。那些冲击我们感官的 11,000,000 比特的数据呢？我们的大脑有能力屏蔽信息，在同一时间只处理不超过 40 比特的信息。而到真正有意识地处理这些信息的时候，这个数字就会骤降到个位数。

如果我们要从 11,000,000 比特的数据中筛选出 4 比特的数据加以特殊关注，那么这 4 比特肯定得是特别重要的事情，对我们来说特别的重要。大脑为精准选出重要信息而设置的筛选条件其实相当简单：这个信息当下和我有关系吗？是否会以某种方式影响我？我需要注意它吗？如果都是否定的，大脑还有 10,999,999 个信息位要筛选，以免一些超级重要的事情躲过"雷达"，预防"突然袭击"。

这个"雷达"就是神经科学家们所说的"无意识认知"。可以将其理解为不知疲倦的"守护者"，不断地保护着你，帮你判断什么重要，什么不重要，并通过大脑，向你汇报。当然，这与我们的常识相悖，也就是我们的决定应该是大脑有意识做出的。毕竟，我们整天都在做有意识的决定，这是我们引以为豪的事情。问题是，大脑控制意识的部分，也就是处理从那数百万条信息中筛选出的 4 件事情的运行速度是非常缓慢的。

即使是做出最简单的决定，也需要惊人的注意力、耐力和能量。尤瓦尔·诺亚·赫拉利（Yuval Noah Harari）在《人类简史》中指出，"虽然大脑只占人体体重的 2%，但当人集中注意力时，它却会消耗体内全部能量的 25%。"实际上，认真思考还能够燃烧卡路里。大脑思考的作用是处理无意识认知无法自动给出答案的问题。比如，长期来看，30年的固定利率抵押贷款和15年的浮动利率贷款，哪个更划算？在远古时期，应该藏在哪里才能躲过那只饥饿的狮子？一旦狮口脱险，想办法如何与其他人联合起来，对付这些捕食者？

思考是人的本能，且经常被奉为人类发展的最高里程碑。推理、思索、好奇和分析的能力是人类伟大的能力。如果我们没有思考问题的能力，就不可能在书里进行这样的对话了。我们更倾向认为，从头到尾都是大脑中的表意识独立完成了所有的工作，而事实根本不是这样的。虽然我们表意识做的工作至关重要，但几乎所有的繁重工作都在后台进行，而我们意识不到。如果不是无意识认识默默无闻、不知疲倦地付出，人类是否能活下去还得两说。

我们可以举一个简单的例子，假设你下班开车回家，转过一个弯，看到了几个红色的尾灯。如果你只能依靠你的表意识来推理，你会想：嗯，车尾亮起了红灯，可能意味着那些车开始降速。不，等等，根据我的经验，我意识到他们减速时，实际上他们已经停车了。天啊，我开得太快了，我想我应该把脚挪到……如果大脑的活动真是这样，这时候你已经追尾了。

但这种场景不可能发生，因为你有无意识认知的辅助。开车的时候，你是否察觉到当前车的刹车灯亮起前，你的脚就已经踩下了刹车？正是如此。据神经科学研究，在我们的认知中，无意识的部分经常主导我们，使我们立马采取行动。这是因为无意识认知的目的只有一个：维持我们的生命和自我意识。如果没有无意识认知，我们就无法把注意力集中在重要的事情上，无法过滤周围铺天盖地的琐碎事、数字和数据。换句话说，等到表意识疯狂加速，处理完信息之后，我们早就被淹没在大量的信息之中了。

同理，你必须知道你想要受众做出的改变对他们来说为什么重要，否则你精心准备的号召只会被对方抛之脑后，被其他不受重视的无用信息形成的"海啸"卷走、吞没。

但在你弄清楚你的受众重视什么之前（我们将在第二部分进行讨论），首先要弄清楚的问题是，受众如何判断什么对他们是重要的？我们自己又是怎么判断的？如果我们的无意识认知系统总是快人一步，以确保我们能获取真正想要的信息，那么它是怎么判断信息的重要性呢？答案很简单：我们的无意识认知熟知故事的每一个细节。

什么是重要的

事实证明，故事的诞生远早于文字的诞生，是一种基本的生存工具，但后来它被错误地贴上了"虚构"的标签，往往与精心打造的"谎言"对等，是小说、电影乃至为了点击量而存在的流媒体的代名词。事实上，我们没有"创造"故事，而是"发现"了故事。故事从始至终都是存在的，是我们的大脑用于看待事物的镜头。这就是为什么在一开始，"故事"其实与"虚构"无关。相反，起初故事是我们评估眼前事物意义的首选方法，只需通过一个问题就能得到答案：它能否帮助我达到我的目的？

过去人们的目的非常简单——生存，如今人们的目的变得复杂了。当然，我们肯定还是希望能活得久一点，如果同时能够住在漂亮的房子里，拥有美满的家庭，干着体面的工作，银行里再有一点儿存款就更好了。

我们是自己故事的主人公。我们遇到每一件事的时候，都会评估其可能产生的影响，无论这件事是具体的、抽象的，还是社会性的。好比飞行前的安全通知，"如果出了意外，请先戴上自己的氧气面罩，再帮助他人"。毕竟，如果我们不能呼吸，还能为他人做什么呢？必须将自己放在第一位，否则人类早就被自然选择淘汰了。

无意识认知的首要使命就是保证生存，而且我们的无意识认知尽忠职守、至死不渝。这就是为什么在任何情况下，无意识认知用来衡量事物的尺度是——对我是利还是弊。

我们需要无意识认知的帮助，因为我们遇到的事物信息本身是无好坏之分的。例如，如果我告诉你现在正在下大雨，这对你有什么意义吗？我猜意义不大，顶多你会想"坏了，早知道应该带把伞"。当然，如果一位农民正在经历前所未有的 3 年旱灾，即将失去世代相传的土地，那么他可能会开心得在雨中又唱又跳。但是，如果大雨降临在一对新人举办精心筹备、期待已久的户外婚礼的那天，他们的父母可能会蜷缩在屋里啜泣。

话又说回来，那个农民也可能会啜泣。也许他一开始就不想当农民，而旱灾可以迫使他那传统的家庭卖掉农场。而新郎的父亲也可能认为这场婚姻对他的儿子而言就是一个错误，所以他暗自高兴，希望这场大雨能给小伙子最后一次机会，让他在11个小时里恢复理智。

一个事实——下雨，5种完全不同的解读，每一种解读都不是取决于下雨本身，而是取决于它将实现还是妨碍主人公的需求。正如我们所看到的，意义是主观的，它永远由背景所决定。故事能够提供这种背景，无论是我们自己讲的故事，还是别人编的故事。

如果你不知道某件事情是否会影响你，为什么会影响你，如何影响你时，它就会成为无意识认知过滤掉的10,999,960件事实之一，就像高中时被强迫背下来的代数公式和元素周期表一样被忘在脑后。如果没有一个背景来赋予事实的意义，这个事实就不会给人带来情感上的共鸣，因此也就没有意义。

如果你想传达你的观点，而且让人们愿意倾听并理解你的立场（你还能产生优越感），首先就要了解为什么故事会主宰我们的生活，然后利用它无与伦比的说服力来激发人们改变。

但是我们为什么现在才提呢？有以下两个原因。

客观性的神话

我们忽视故事力量的第一个原因是，尽管我们用叙事的视角思考问题，但感知上并非如此。相反，我们觉得自己是在客观地看待问题，同时认为其他人肯定和自己的观点类似。我们不认为自己在主观地看待问题，这是因为我们眼中的生活是由具体细节组成的。这就是为什么有时在我们看来是一个显而易见、必须立即采取行动的事实，可能会让别人不明所以。这个概念听起来可能很直观，但实际发生在我们身上时，往往当局者迷。这就像大卫·福斯特·华莱士（David Foster Wallace）在《这就是水》中讲的那个老笑话："一条老鱼问两条年轻的鱼'水怎么样'，当它游走时，一条年轻的鱼转向另一条鱼问，'水到底是什么？'"

我们的主观故事好比笑话中的水，只有当你真正了解个人叙述是为何、如何影响你的认知的，才能让你的观点与他人的故事建立牢不可破的关联。

到目前为止，我们一直在谈论自己亲历的故事，但我们对故事的另一个方面存在误解。一方面，我们从出生至今，始终用故事来理解身上发生的每一件事情，并做出决策。另一方面，故事也是用来预测未来可能发生在我们身上的事情的工具。故事将我们引入一个虚构的世界。正因如此，我们往往会轻视故事，认为其与现实无关。

说到这里，正好引入第二个原因。为什么我们没有意识到故事的巨大力量？因为故事被包裹在娱乐的外壳下，看似华丽的外表遮掩了其严肃的本质。

非娱乐

故事非常强大，可以改变我们对事物的看法，按理说我们应该意识到它的力量。但是自古以来，这种力量一直游离在人们的视线之外。现代文明可以没有车轮、室内管道或鞋子，但故事是不可或缺的。单从这点来看，其实我们也应认识到，故事不仅仅是周末晚上的消遣方式。

沉浸在故事中的时候，我们感到无与伦比的快乐，因此我们误以为故事就是用来逃避现实的。我们忙了一天工作，回到家后，我们会干什么呢？我们会打开电视看电影，或是拿起一本小说阅读，因为我们想放松一下大脑，把在现实中的考验和磨难抛在脑后。这是我们在现实世界中做完重要工作后给自己的奖励。

故事的确给我们带来了满足。沉浸在故事中，好像按下了暂停键，把所有让我们烦心的事情都搁置起来，这就是为什么我们很容易将故事视为单纯的娱乐。很多人觉得如果没有那些故事，我们的生活将变得更加平淡乏味，而我们该怎么生活还是怎么生活，毕竟故事就好像是喂给心灵的糖果，没有什么实际作用。

如果这样认为，就大错特错了。

正如我在《你能写出好故事》中提出的那样："故事对我们的进化来说至关重要，甚至超越了饱受重视与喜爱的对生拇指。拇指的作用仅仅是让我们能抓住东西，而故事的作用是告诉我们应该抓住什么"。

故事可以理解为世界上出现的第一种虚拟现实。如果没有故事，我们所了解到的信息就仅局限于这个时刻正在发生的事情，我们甚至不会知道还有"明天"这种概念，更不可能预测明天可能潜伏着怎样的喜怒哀乐。没有故事，我们就不能铭记过去，怎么可能知道什么会带来危险，什么会带来愉悦呢？没有故事的人会有一大堆麻烦，没有故事的物种则根本无法延续，更别说能有故事可讲了。

故事工具

故事对我们的进化来说至关重要，甚至超越了对生拇指。拇指的作用仅仅是让我们能抓住东西，而故事的作用是告诉我们应该抓住什么。

故事是一种情景模拟，允许我们在幻想中亲身体验之前从没经历过的困境，同时我们自身的安全不会受到威胁。在想象的过程中，我们可以了解到做某事的好处，以此判断是否值得为之冒险。明确我们的目标是什么，体验这些事物究竟能带来什么感觉，构思为了生存我们需要学习什么。

举个例子，那边有一些红色的浆果，看起来很好吃，刚好我也饿了。但是现在是石器时代，超市还没诞生，所以买不到速冻卷饼，不能回家热一下就吃。但我听说了这样一个故事：隔壁的尼安德特人吃了一把这样的浆果，结果死了。据说死前口吐白沫，不停在地上扭动。也就是说，人不仅死了，听起来还死得相当痛苦。所以我想我还是别吃这把浆果了,还是先凑合吃几只冰冷难闻的虫子,活下来再说。

换句话说,正是因为故事对我们的生存至关重要,所以我们的生理机能才会给出信号,让我们觉得故事引人入胜。由此才会注意其中的信息:忍住不吃红色毒果。听故事的感觉很好,就像食物很美味,性爱能够带来快感一样。因为我们的大脑告诉我们,需要这样做才能维持生存。当我们沉浸在一个故事中时,那种美好的感觉并不会转瞬即逝,也不是可有可无的,它更不是纯粹为了享乐而存在的感受。相反,它是我们的生理机能制造出的诱饵,用来麻痹我们,让现实世界暂时消失,以便我们能够充分体验故事中的虚拟世界。引人入胜的故事会瞬间引起我们强烈的好奇心,从而刺激神经递质多巴胺的分泌,最终产生快感,这是大脑给予我们的奖励。因为直到故事的结尾,我们的注意力一直高度集中,这让我们能学到所需的知识。

为了确保我们始终保持专注,不在接收信息的时候走神,故事会立即刺激我们另外两种神经递质的分泌——皮质醇和催产素。我们为故事主人公的遭遇感到焦虑,因而分泌皮质醇,而催产素会使我们更加关心主人公。

故事是一种生存机制,而且从进化的角度而言,这是一种至关重要的机制。因为在过去,逃离现实世界,沉浸在一个故事中是有很大风险的。如今,就算你津津有味地通宵琢磨某个故事,无非就是早上有些困,脾气有点儿暴躁。但在石器时代,一旦分心就可能致死。故事必须有足够大的好处,才能让你愿意承担沉浸其中而造成的风险。故事的确能做到，它所提供的信息，往往能帮助你化险为夷。

社交圈的故事

无论是饮水机旁的窃窃私语，午餐室无意听到的对话、八卦、谣言，还是教堂礼拜的宣讲，我们都会无意识地思考这些故事能让我学到什么，才能让我安然无恙地活过今天？我能学到什么，才能帮助我在现实世界和社会中生存？因为如果没有社交圈这个联系紧密的"社会"，人类现在应该还在自然界食物链的中间位置，而不是站在顶端。

我们对归属感的需求、对成为群体成员的需求就像我们对食物、水和氧气的需求一样，是我们的本能。一旦人类了解了大部分基本常识，也知道了自己在食物链上的位置，自然选择的作用就结束了。但是，如果我们想主宰世界，就必须团结起来，这是一个不可否认的事实。这意味着我们需要掌握自幼儿园就开始学习的能力——如何与他人开展良好合作。

为了适应这种变化，我们的大脑在大约10万年前进行了最后一次重要进化，神经系统中出现了"归属感"这一先天需求。社会心理学家马修·利伯曼（Matthew D. Lieberman）在他的《社交天性》一书中敏锐地指出了一种违反常理的事实："在学校里，我们学到的是人类大脑的进化是为了提高抽象思考的能力。但越来越多的证据表明,驱动人类大脑体积变大的主要原因是加强社会认知,即我们与他人互动和相处的能力。很长一段时间,我们一直认为分析能力强是聪明人的共性,但从进化的角度来看,也许最聪明的反而是那些具有顶尖社交能力的人。"

人类通过合作,一起分析并探究如何实现共同目标,这才使我们跃居食物链的顶端。根据赫拉利的说法:"那些社交能力更强的生物更容易进化。"神经科学家迈克尔·加扎尼加(Michael Gazzaniga)在他的《人类的荣耀》一书中对此表示赞同:"社会性是我们的核心,这是不容置疑的事实。我们的大脑主要是用来处理社交的,视觉、感觉,抑或是思考热力学第二定律等功能都是次要的。"

本书通篇都会提到,正是故事培养了人类的社交能力(这一能力常常被误认为是"软技能"而受到轻视),故事也因此更加强大。我们试图剖析听到的每一个故事,探寻别人的内心在想什么,而不仅仅是关注他们表面说了什么。由此得到:我们不是用故事来逃避现实,而是用故事来驾驭现实。我们的现实大部分是由其他人塑造的,而每个人都有自己独特的故事,这是毋庸置疑的事实。

故事工具

我们不是用故事来逃避现实,而是用故事来驾驭现实。

从进化的角度而言，每个人各自的故事并没有什么不同，也不可能有什么不同。因为直到1万多年前，人类几乎都活在"所见即所得"的环境中。所有的事情都发生在当下，与过去和未来无关，而且当时人类所生活的群体也很小。人类学家罗宾·邓巴（Robin Dunbar）认为，人类的社交人数上限为150人，这150人形成了我们的社交圈。我们出于生存的现实需要，必须终身与这150个人保持密切联系，并通力合作。在社交圈里，我们所有的行为举止全部一目了然。因此撒谎的风险很大，极易被人拆穿。肯定有人目睹了事实，而且会毫不犹豫地传播，就像八卦的传播。八卦的本质就是一系列的故事。

事实上，虽然"八卦"被贴上了负面的标签，科学家却发现从进化的角度而言，八卦在维护早期社会的信用体系上起到了关键的作用。信用体系非常重要，因为部落有一个共同的基本目标——尽量生存得久一点。他们的目标明确、具体：要么狩猎，要么被饿死；要么找水，要么渴死；要么避开捕食者，要么被咬死。为了实现这个目标，就必须共同协作。但凡有人玩忽职守，他们撒谎的行为一目了然，撒的谎还可能对整个部落带来灾难性的影响。因此谎言一旦被揭穿，就意味着遭受排斥，这是一个致命的代价。

原始社会和现代社会一样，对社会性痛苦的强烈恐惧可以确保人们遵循部落的信用体系。加州大学洛杉矶分校社会和情感神经科学实验室主任纳奥米·艾森伯格（Naomi Eisenberger）说："社会性痛苦的重要性可以追溯到进化机理。人类始终依靠他人生存，他人养育我们，帮助我们收集食物，提供保护，对抗捕食者和敌方部落。社会关系是我们生存的关键。好比身体上的疼痛是生命受到威胁的信号，遭受社会拒绝的痛苦也成为我们进化的信号，警示我们这是危险的。也许聪明的大自然走了一个捷径，它并没有重新创造一个社交疼痛机制，而是简单地借用了现有的生理疼痛机制。因此，在我们的大脑中心碎的痛苦能够与骨折紧密相连。"

由于我们天生就有忠于自己部落的本能，任何要求我们采取与部落信仰相反的行动就是一种威胁。哪怕对方说的话都是客观事实，但在我们看来都相当于"缴械投降"。即使故事合乎受众的世界观，也有可能遭遇同样的困境。但是，它仍可以刺激受众做出我们所希望看到的变化，并鼓励他们在整个部落传播我们的思想。

归纳要点

大脑内有一套基本法则来判断我们需要关注哪些信息、保留哪些信息。但是故事则无须经过判断，就可以终身通行，以便将其中信息存储为长期记忆。后面会要求你创作自己的故事，你需要记住：

- 每一秒钟我们都会接收海量的信息，大脑会过滤掉所有与我们无关的内容。无意识认知就是站岗的门卫，拦截我们不需要的数据。
- 我们处理每条信息时都要先问一个问题——这个信息能帮助我实现目标，还是阻碍我实现目标？如果两者都不是，那就是白噪声。

- 故事是一种生存机制，使我们能够理解过去和现在，并预测未来，以便为未来可能遭遇的喜怒哀乐做出规划。其实故事就是大脑与世界沟通时所使用的语言。
- 越来越多的证据显示，我们的大脑进化并不是为了抽象思考服务，而是为了让我们能够更好地理解他人。我们的目标是与部落加强联系，要是做了傻事，就会被永久驱逐。

2. 忘记事实

> 信息的丰富产生注意力的贫乏。
> ——诺贝尔经济学奖得主 赫伯特·西蒙（Herbert Simon）

事实让人感到安心，毕竟事实看上去不可撼动、不偏不倚、完全合乎逻辑、不受感情色彩的影响，这正是可靠的定义。事实是客观的，词典中将"客观"（objective）定义为"不会因为认知而改变的；实际存在的。"换句话说，事实是无可非议、坚如磐石的真理。不幸的是，事实往往会掺入"软绵绵、黏糊糊"的杂质，我们眼中的事实就是这样的。

事实：地球气候正在变暖。
我们眼中的事实：就算是这样，也不是人类造成的。
事实：人类登上了月球。

我们眼中的事实：那么假的视频，很显然是后期制作的，你还信？

事实：健康饮食、不吸烟、锻炼身体是长寿的关键。

我们眼中的事实：那我爷爷呢？他嗜酒如命，烟不离手，把熏肠当主食，却活到 105 岁。

正如上一节所提到的，我们往往意识不到每个人都是通过"主观"的棱镜来看待"客观"的事物。因此，虽然事件的客观存在不受意识的影响，但是对其的解读肯定是意识的作用。激烈的政治辩论就充分表明，我们每个人眼中所谓的"客观事实"都是不同的。但因为人类的生理机制，我们往往注意不到主观性，就好像那条不知道自己身处水中的鱼一般。于是，当我们的观点与别人不同、发生冲突时，我们会自作聪明地想："如果我能让对方明白事实的真相，我们就会达成一致。所以我得再好好解释一遍。"当然，我们也很可能义愤填膺，转身就走。我知道自己肯定这样做过很多次，虽然不好意思承认。

但你猜怎么着？因为他们眼中的事实和我们完全不同，所以在他们看来，我们才是不明事理的那个人。

好消息是，你说的时候他们在注意听，但坏消息是，他们听的目的是构思自己的驳论，当你话一说完，他们就会再向你"解释"。他们这样做不是因为固执，很有可能他们都没有意识到自己的行为。

一旦我们相信某件事，它就不再仅是一种观点，而是我们坚信的事实，一个客观存在的事实。如果他们不相信，那就是他们不愿认清现实。这就是为什么你无法用事实来反驳事实。问题不在于事实本身，而是在于受众对事实的解读，这让他们听不进去你说的话。其实你也有这个毛病。

所以想要创造故事，改变受众看待世界的方式，首先你需要了解一点：主观认知如果不是源于理性的事实，那到底来自哪里？否则，你很可能无意间犯错，错误地认为你眼中的事实是客观的，而非主观的。

因此，本节将一起了解人类的生理机制如何抵制那些试图改变我们信念的人。我们将探索其背后的科学原理，为什么事实会让我们确信自己是客观的，进而导致我们误解其作用。我们还将了解故事如何将事实转化，让人们下意识自动将其融入自己的信念体系之中。

但首先，我们需要了解将事实变为看似真实的样子。

关于事实的事实

人脑将事实归为 4 个不同的类别：

中立事实：这些事实与此时此刻的我们无关，因此会被本能地忽视、过滤。

警告事实：这些事实包含的信息显而易见，会为我们带来即刻的伤害，无论是实质性的伤害，还是社交层面的伤害。

验证事实：这些事实可巩固我们的既有认知。

矛盾事实：这些事实与我们的既有认知形成对立。

遇到矛盾事实这种情况，人们会本能做出反应。比如，有人说："地球是平的。"大多数人本能的反应就是认真地收集整理各种重要的事实和数据，彻底证明地球不是平的，用事实来验证我们眼中的事实——地球是圆的。但是，信奉"地平说"的人了解这些事实和图片后，根本不会考虑我们说的是否有道理，而会不遗余力地证伪。结果呢？我们只会自我感动，以为自己驳倒了对方荒谬的观点，但完全没有意识到，在他们看来，我们才是那些被信息所误导的人。

想要用事实来改变某人坚信的观念，往小了说会导致误解，往大了说会发生争斗。我们在下一部分将进一步探讨，如果某个事实挑战了我们根深蒂固的信念，那么它会立即激起我们的怒火。因此会说："你这么说是在挑衅。"你说出来的话可能确实有挑衅的成分，但不是因为事实本身具有煽动性，而是出自受众对你言论的解读。因此，"矛盾事实"是你应当尽可能避免的，无论是直接陈述，还是在你的故事中阐述都尽量不要出现。

中立事实也好不到哪里去。就算中立事实完全客观、毋庸置疑、无可非议，那也是没有意义的，因为它跟我们没有关系。如果我告诉你地球到月球有238,900英里，"琥珀"作为"琥珀色"在英语中使用是在 1,500 年前,还有……喂,醒醒!我在跟你说话!

如果你听了这些中立事实想打瞌睡,那是因为你的大脑执意抗拒,仿佛在向你提出一个非常合理的问题:跟我有什么关系?大脑这样问不是态度不端正。正如认知神经科学之父迈克尔·加扎尼加(Michael S. Gazzaniga)所说:"大脑做的每一个决定都是基于'参加或撤退'的趋避机制,即这件事安全吗?"这里需要注意的是,"安全"不是字面意义上的"安全",而是是否有利于实现我们特定的目标。

保护自己的安全是一项繁重的工作,让我们没有时间去琢磨抽象的、概念性的或中性的事实,无论别人认为这些事实有多重要。可以想想,别人告诉你某个事实时,你需要做的事情:首先是思考这个事实,确定其意义,然后把它放在一定的情境中,构造一个论述或故事,使你明白其中的含义,这样才可以弄清楚该事实对你是否重要,为什么对你重要。听起来做了很多无偿的工作。正如神经学家保罗·扎克(Paul Zak)在《大脑》一书中指出:"注意力是一种稀缺的神经资源,因为集中注意力的代谢成本很高,而大脑需要尽可能地节省资源。"我们的注意力应该集中在对自己重要的事情上,如果浪费在不相干的杂事上,就太愚蠢了。

你知道这意味着什么吗?这意味着在你上中学时,如果无法集中注意力听课是不能怪你的,因为这不是你可以选择的,而是你大脑的错误。即使你强迫自己关注那些感觉完全无关紧要的信息,比如,背出目前为止所有美国总统的名字。但只有当老师提问时,你才会回过神来,发现自己真正关注的是多久才能吃午饭。这才是你大脑在乎的,尤其是如果食堂准备了你最爱的菜品。

然而,从小学开始,老师和家长就给我们灌输了许多事实,他们似乎认为客观、真实的事情就一定对我们重要。当然,这些信息可能的确很重要,需要立即行动,但如果没有故事为我们提供背景,我们怎么可能知道呢?

我亲身经历的一件事也可以说明该问题。几年前,我给美国国家海洋和大气管理局的一组成员做了关于故事力量的培训。该团队负责推介教育设施"球体上的科学"。根据官网介绍,该设施是一个房间大小的全球演示系统,使用计算机和投影仪将气象数据投放在直径6英尺的球体上,类似于一个巨型的地球模型。你能想象这个系统是什么样的吗?反正我不能。但如果换成这样的描述呢?想象一下,你走进一间漆黑的房间,在房间中央悬浮着一颗蓝色的星球——地球,它在发光,展示着平静的海洋、强劲的风暴、凶猛的台风和灿烂的日落。

但这些只是冰山一角,现在分析他们真正的问题。海洋和大气管理局的目标是先吸引受众,而利用可旋转的地球模型就能够做到这一点。吸引了人们的注意力后,要告诉他们气候变化带来的可怕的后果就是我们所面临的迫在眉睫的现实问题。那里的科学家不明白下面的说明为什么不能让人们感受到气候变化的恐怖:

"到2100年,大气中二氧化碳的浓度将达到717 ppm,这几乎是2000年的两倍。根据这个模型,预计北美将平均升温4.9℃,全球将升温2.8℃!"

这是好是坏?我不喜欢穿毛衣,所以温度大约升5℃听起来还不错。况且我还不一定能听到你讲到温度升高的这部分，可能早就走神了。科学家对此目瞪口呆。这些迫在眉睫的事实怎么可能抓不住受众的注意力？人们读完以后，有谁不会戒掉一次性塑料、SUV、汉堡，以及时间过长的热水澡？这群研究人员的反应很容易引人发笑，但事实上我们也经常犯同样的错误。正如迈克尔·加扎尼加（Michael S. Gazzaniga）指出的："人们认为自己的所信所知亦为他人的所知所信，而且容易高估别人了解的信息。"这种倾向称为"知识诅咒"，指的是一旦你知道了一些事情，就再也无法从不知道这些事的人的角度思考。斯坦福大学心理学专业学生伊丽莎白·牛顿（Elizabeth Newton）在其1990年发表的博士学位论文中用了一个叫做"击奏者和听众"的游戏，恰如其分地证明了这一现象。

伊丽莎白研究的现象是假设别人会和自己有相同认识，即我们会理所当然地认为其他人看到的世界和我们看到的世界是一样的，我们会对同一件事产生相同的解读。于是她把研究对象分成两组：击奏者和听众。击奏者的任务就是给听众敲击一首耳熟能详的乐曲的节拍，比如《两只老虎》或《生日快乐歌》。然后由听众尝试以节拍辨曲。开始之前，击奏者要猜有多少听众能成功识辨出他们演奏的乐曲。这些歌曲的节奏简单，耳熟能详，想要辨识这些歌曲能有多难呢！大多数击奏者预计有50%的受众能听辨成功，而另外50%的听众呢？对于一个连《生日快乐歌》都听不出来的人还有什么好说的。

事实能说明很多道理。在120首曲子的节奏中，听众正确识辨出的曲子只有 3 首。说出来可能有些出乎意料，成功率仅为 2.5%。对于这个结果，击奏者感到十分费解。

为什么会出现这么大的偏差呢？原来，当击奏者敲打音乐的节拍时，他们脑海中也会随之响起歌曲的旋律。伊丽莎白说："击奏者打节拍时，敲击不会干扰脑海中的旋律。相反，敲击声会与脑海中的旋律融为一体。"但是听众却听不见你脑海中的旋律，必须专注辨析节拍。击奏者认为的每一个有意义的休止符在听众看来，只是一个简单的停顿。没有你脑海中生动的旋律外观，敲击节拍对听众来说仅仅是一个普通的声响而已。

这就是你让事实来引导人们的风险，那些海洋和大气管理局的科学家就是犯下了这个错误。我敢肯定，科学家们会认为这些数据会立即让人联想到冰盖融化、食物短缺、大规模迁徙等糟糕的意象，会让人觉得这样的地球是不适合居住的。然而，在受众眼里，这一切只是一堆看似随机的数字、测量值和百分比，是没有任何故事来提供背景的中立事实，因此他们无法辨析出其中的意义。最多这只会让他们想，天哪，我知道那些科学家试图告诉我一些重要的事情，但我不知道是什么。

那么什么样的事实能够真正吸引我们的注意力呢？是那些具有清晰、简单、具体后果的事实。这样的事实甚至不需要对我们个人产生影响，就能吸引我们。前提是要能影响我们的认知体系、我们对自己的评价，以及我们所在意的外界对我们的评价。比如，如果我 4 岁的女儿黛西喜欢北极熊，那么我也许就会少吃点儿汉堡，因为汉堡的"碳足迹"高，会使全球变暖，气候恶化，会使北极圈变成桑拿浴室，我担心她长大后会责怪我。

唯一本身就能促使我们立即采取行动的事实，是那些传达了不可否认、迫在眉睫危险的事实。危险可以是致命的危机，"天哪，有颗小行星正砸向我家后院！"也可以是生活琐事，"如果我是你，我就不会吃那个蛋糕。爸爸又把盐当成糖了。"

验证事实也很容易被理解，一方面是因为我们已经有容纳该事实的思维框架；另一方面这些事实证实了我们既有的信念，这会让我们觉得自己很聪明。换句话说，这些事实本来就符合我们自己的主观意识。如果你的目标仅仅是让受众保持现状，这样的事实就很有用。

但你的目标肯定不是维持现状。无论你要推销产品、进行广告宣传，还是号召捐赠，最根本的目的都是说服受众去做一些他们还没有做的事情。换句话说，就是要改变他们。正如我们将在后面提到的，发生这样的改变绝对是有可能的，但并不容易。这并不是因为我们头脑迟钝或性格懒散，而是因为上万年进化而来的本能告诉我们，改变现状可能是相当致命的。这就是为什么挑战现状的事实会立即遭到抵触。

要注意，让人们产生抵触的源头不是事实本身，不是对方的号召，不是改变本身，也不是对方的观点，而是事实无法融入人们对世界的理解中。可以将受众的自我叙述模式想象成他们用来阐释一切的"解码环"。只有虚假事实才能更好地保护自我叙述所做出的决定。

虚假新闻就是这么来的。

"解码环"揭秘

我们的"解码环"究竟从哪里获得信息，又是怎么利用这些信息解释现实的呢？信息来源于过去的经历。事实证明，我们对事物的解读，大多数都不是先验的，也不是客观上正确的。它是通过反复的生活经验和教训，使我们习得规律和获得对世界的认知，通常以惨痛的方式得来的。这种认知的目的是让我们生存，并且让我们能在自己降生的"部落"中立足。我们天生就具有适应环境的能力，把"部落"的真理作为自己的真理，并据此采取行动。

例如，粉色适合女孩，蓝色适合男孩。如果你给你家的男宝宝穿粉红色衣服，那是没有男子气概的，大家都这样认为。倘若你给儿子穿粉衣服，可能也表明你自己有一些问题。然而讽刺的是，同样的社会在不同时期，对于粉色和蓝色的性别观点恰恰相反。一家名为《恩肖的婴儿部》（*Earnshaw's Infants' Department*）的商业期刊在1918年6月发表了一篇文章，该文章指出："人们普遍认为粉红色适合男孩，蓝色适合女孩"。

文章提出这种观点的理由是粉色为一种更果断、更有力的颜色，更适合男孩，而蓝色则更细腻、更精致，女孩穿上更漂亮（这句话还揭露了过去人们对性别社会角色的歧视）。直到二十世纪四五十年代，颜色背后的故事才完全逆转。

你以为现在大家已经脱离了这种性别颜色对立的观点吗？当

然没有。最近，在复活节期间，我排队买给孩子收集彩蛋的篮子，一位父亲带着儿子站在我前面。孩子急切地指着他想要的篮子，父亲瞥了一眼，然后严厉地说："不行，那个篮子上面有粉红色条纹，我们去买别的。"其实，那条粉红色条纹特别细，必须眯着眼睛才看得到，但那位父亲就是不能接受。

我的第一反应是想指责那位父亲，但后来一位冷静、明智的朋友向我指出，在那位父亲成长的环境里，如果男孩拿着这种篮子可能会受到他人无情地嘲笑和排斥。哪个父亲会希望自己的儿子遭受这样的待遇呢？也就是说，这个父亲的"解码环"告诉他，他需要当机立断，扼杀可能对孩子未来成功产生威胁的因素。因为从生物学的角度而言这种危险就是对我们种族进化巨大的威胁之一。

这位父亲没有意识到的是，他成长的世界（或者说他在成长过程中通过听故事，而认为自己所处的世界）已经不复存在，至少正在逐步改善。部分原因是人们意识到这些性别准则不仅限制了他们的自由，而且也只是社会臆想出的"规则"。

我们不仅将文化观念视为客观事实，还会将文化中涉及物质生存的概念内化。例如，如果你在加纳长大，你可能会喜欢嘎吱嘎吱地咀嚼肥美多汁的白蚁；在泰国，人们对吸吮蠕虫感到习以为常；但对于在美国长大的我来说，一想到这些就会让我毛骨悚然。客观上讲，此类食物并没有问题，毕竟昆虫是高能量蛋白的来源。但是，我从小学会的就是踩死虫子，吃汉堡。仔细想一想，其实汉堡和虫子的本质都差不多。吃汉堡还可以说是吃绞碎的母牛尸体，那更加恶心。我们随随便便就敢踩死虫子，但无论我们多么喜欢汉堡，我相信没有多少人能鼓足勇气宰牛。

使用"解码环"来解释客观事实时，还需要考虑情感和精神方面的因素。现实是这样的，每个团体都确信自己是正确的，这一点显而易见。但还有一点不易被发觉，我们倾向于认为，观念与我们相悖的人对自己的观点是有主动选择能力的。因此，只要给他们确凿、充分的证据，理性证伪，他们就可以，也愿意改变观点。

有一种观点认为人类的本能是客观、冷静地权衡证据，然后根据"实证结果"来决定要相信什么。这种想法本身就是错误的，却在许多文化中被视为人性的基石。正如神经科学家塔利·沙罗特（Tali Sharot）在《被左右的独立思维》（The Influential Mind）中指出的那样："事实证明，虽然我们对数据情有独钟，但是大脑用于获取数据，并做出决策的'货币'和我们想象中大脑应该用的'货币'相差甚远。这种信息和逻辑至上的方法忽略了人类的核心——我们的动机和恐惧，我们的希望和欲望。"因此，"应该理性一点"才如此有害，让许多人认为用纯数据做决策是可以实现的，更是值得赞扬的。这还导致了另一种错误的观点，即不根据客观逻辑做决定是一种性格的缺陷和弱点。

这里要给大家透露一个出乎意料，却无可辩驳的真相。进化的结果告诉我们，单凭理性思维人类是走不了多远的。当然，理性思维的确是人类有别于其他生物的优势，但是，这种能力并不足以让我们称霸地球。

事实上，我们最大的优势不是批判性思维，而是我们与他人良好合作的能力。因此，从人出生的那一瞬间，"解码环"就一直在追踪不同事物对我们"部落"的意义所在，以此做好准备，与"部落"的共同信念保持一致，这样才能生存。为了确保"部落"人人观点一致，大约在10万年前，大自然对人脑做了一次调整，产生了一种工具，其重要性和复杂程度胜过箭头、岩锤和弹弓加在一起，语言诞生了。我们从此可以创造和交流自己对"客观事实"的解读，从而让人类能够建立更加有凝聚力的团体，共同筹划下一步的行动，语言让我们有了今天。

为什么即便是客观事实也会感觉像谎言

直到现在，人类都没有学会区分客观事实和主观事实。为什么？因为人类进化之初，世界还很小，环境几乎不变，即使有变化，也不会太大，我们的祖先基本生活在所见即所得的世界。听起来这样的生活可能很无聊，但事实上并非如此。因为当时的生存环境缺乏食物和水，天气恶劣，还有许多比我们体积大得多、更致命的捕食者。在此背景下，光是活着就是极大的挑战，耗费我们的全部心神，我们需要24小时保持警惕，茶歇和打盹肯定是不行的。

那时，由经验得来的生存策略是十分可靠和稳定的，再加上我们的部落规模较小，思维趋同，部落之间相对独立，所以上万年来，我们主观里的世界和世界本身几乎是一样的。"狮子就会把你当作美食，见到狮子撒腿就跑肯定没错。"一旦生活教给我们这种经验，从生理角度而言，就会将其编码为客观事实，永远嵌入无意识认知中。毕竟，没有人会反驳这种认识，外界环境不会，我们同族的成员更不会，而我们又依赖他们生存，所以也不会反驳。其实，这是整个部落共同努力的结果。同时，因为合作是我们生存的关键，我们的部落身份也就成了我们的个人身份，而这是由整个部落的共同信念所赋予的。当时的世界很残酷，弱肉强食的规则也十分明确。为了生存，每个部落成员都需要用同一套"解码环"来适应世界。

很长一段时间内，人类的生存都是被自然环境所左右的。但是，我们的祖先学会了密切合作，也因此意识到我们比捕食者更加聪明，可以共同种植粮食。于是，人类停止迁徙，扎根安家，用双手改变着一切。在过去的1万年里，我们一直在改变自然，但这也暴露了自然选择的缺陷——"进化是非常缓慢的"。虽然我们已经以指数级的速度改变了我们的物质文明和精神文明，已经成功爬到食物链顶端，发明了纳秒间自动给数十亿人打骚扰电话的技术，提供房贷（再融资）套餐……但有一件事我们不能迅速改变——我们的神经回路。

人类进化时的世界和现在的世界迥然不同。讽刺的是，人类因为学会了合作而成功，但如今却因此分裂为数百万个"部落"。这些"部落"不再仅仅由地理位置决定，而是由宗教、财富、政治派别，甚至是否喜欢20世纪60年代金曲来定义。今天的"部落"各自都有独特的"解码环"，我们每个人也都有自己独特的解码方式，而且一直在变化。如今我们所创造的这个全球化的世界兼具多元化、复杂性和多变性的特征，因此，事实不再像过去那样简单、具体和稳定了。

说实话，今天的事实究竟是真是伪我们都无从得知。回到过去，你如果看到一块石头，那它就是一块石头。如果有人说是根羽毛，只需要拿起来敲敲他的头就能有效验证。今天，我们自己的知识面已不足以验证事实的真伪。如果我说强子对撞机可能创造出低速微黑洞，从而导致地球毁灭，你能判断是真是假吗？反正我不能。但显然这个话题的确引起了一些人的关注（不仅仅是那些相信地平论的人）。

今天证实的事实明天可能就会变成谬论，然后过一段时间又变成真理，如此反复。"鸡蛋对健康有好处""不要吃鸡蛋，除非你想心脏……""等等，鸡蛋毕竟没那么糟……算了，我还是吃煎饼吧"。正如比利时控制论家弗朗西斯·海莱特（Francis Heylighen）在期刊《信息社会》（*The Information Society*）上所指出的那样："如今，个体需要处理的信息和数据超过了人类的有效处理能力。'数据烟霾'更是雪上加霜，即由于发布信息太过容易，劣质信息骤增。"

我们的神经回路进化的初衷是帮助我们在一个几乎不变的世界里生存，但那个世界已不复存在了。虽然我们的进化速度曾经赶上过世界变化的步伐，但现在我们已经远远落后了。最终导致我们生理上遗留了一个功能，这个功能反而阻碍了我们的发展：一旦我们习得某个"事实"，不论是通过父母严肃地叮嘱，还是通过我们听过的故事，抑或是发生在我们身上的经历，我们都会将其编码为不可否定的事实，成为我们信念的一部分。一旦我们相信某件事，即使只是相信我用的牙膏比你的好，这件事就会内化为我们身份的一部分。挑战这一事实就是在挑战我们个人和"部落"。换句话说，这成了一种威胁。

因此，如果用事实向我们指出崭新的事物，就会遭到我们的质疑，但凡该事实挑战我们的既有观点，就会让我们怒火冲天，本能迅速地抵触，仿佛在捍卫自己的生命安全。因为从生物学的角度来看，这的确会影响我们的存亡。

棍棒和石头能伤害我们，但是言语伤得更深

我们会"架起拳头"抵抗挑战我们的想法，主要原因很简单，正如我在《你能写出好故事：写作的诀窍》（*Wired for Story*）中指出："我们往往不惜一切代价抵制变化，因为从进化的角度来说，抵制变化不是固执，而是聪明的表现"。

这一切都归结为一种叫做内稳态的现象，一旦系统达到某种平衡，系统就要维持稳态，而且维持的还是这一特定的稳态。这是因为过去的经验已证明了它的安全，至少我们还站着，否则我们也不可能如此安然地活到今天。因此，当生物有机体发现一个能确保其生存的生态位时，就会保持原地不动。

好死不如赖活着，我凭什么离开自己的舒适区？离开后需要面临最恐怖的事情，即面临未知、无法预料的改变，什么事都有可能

发生。因此，我们非常愿意原地踏步，先休息休息，等时机成熟，再去落实思虑良久的重大改变。

马克·吐温（Mark Twain）曾睿智地建议："不要把今天可以做的事情拖到明天才开始做"。还有一种可能的结果是，一辈子过去了，还在准备下周做。

所以不论我们的平衡受到了饥饿的捕食者的威胁，还是受到新观点的挑战，我们本能的反应都是团结一致，和对方"拼命"，哪怕新信息会让我们更加安全。

为什么新的想法会像蒙面强盗一样具有威胁性？因为虽然内稳态最开始是生物为应对物理环境变化而产生的功能，但随着人类的进化，内稳态也成为我们应对社会变化的方式，这就是神经学家安东尼奥·达马西奥（Antonio Damasio）所说的"社会文化稳态"。为了这一稳态，人们会为了保护家园而弃笔从戎；会为了信仰，而与其他团体拼得你死我活。

这种行为不是有意识的抉择，而是我们的大脑在本能地躲避迎面而来的"子弹"。根据发表在《科学报告》（Scientific Reports）上的一项研究，研究负责人乔纳斯·卡普兰（Jonas T. Kaplan）和他的同事招募了一批志愿者，这些志愿者自述都有着根深蒂固的政治信念。实验人员向志愿者念了一些挑战他们观点的言论，同时通过功能磁共振扫描大脑的反应。结果发现，志愿者没有客观地倾听并权衡每个论点的优缺点，相反，他们的身体产生仿佛自己遭受了人身攻击的负面情绪。换了我们也会有这样的反应，认为这些观点是针对我们个人的。这项研究得出的结论是："大脑的情感系统旨在维持机体的内稳态，除此以外似乎也在保护我们强烈认同的精神世界，包括我们坚定的信念。"

为什么会这样呢？正如卡普兰在《沃克斯》杂志（*Vox*）中解释的那样："虽然大脑的主要职责是照顾和保护身体，但我们的精神是大脑保护对象的延伸。当我们感到精神遭受攻击时，大脑就会动员保护身体的机制展开防御"。

对我们的大脑来说，对信念的挑战和对身体的威胁是一码事。两者都经过相同的神经通路，警惕我们即将受到的攻击，让身体做好应激反应，这样我们就不必再浪费时间分析究竟发生了什么，再做出决定了。生气和反抗都不是我们主动做出的决定，因为大脑为了我们的生存，已经把决定权从我们手中夺走了。

这种生理反应始于杏仁核。顾名思义，杏仁核是脑颞叶中的一个杏仁状结构，下一部分中将会进一步讨论杏仁核引领我们走向未来世界，帮助我们确定存储哪些记忆。一旦我们的杏仁核识别到威胁，哪怕只有一点危险，也会触发恐惧情绪，传递到我们的边缘系统。边缘系统负责调节情绪，使我们进入高度戒备的状态。然后，我们大脑主动思考的能力就会关闭，以更好地腾出生理资源，要么战斗，要么逃跑。这就是为什么地当你想说服别人相信本不相信的事情时，仅凭讲道理就想打动对方是行不通的，只会适得其反。神经科学家塔利·沙洛特（Tali Sharot）再次指出："事实上，向对方提供与他们观点相矛盾的信息，会促使他们寻找新的驳论，进一步巩固原有的观点，这就是所谓的'反向效应'"。

即使要求对方做出很小的改变，也会有这种反应，比如让对方先冲洗盘子，再放进洗碗机，或者承认有颗粒感的花生酱比没有颗粒感的花生酱更好吃。对于一个客观的局外人来说，这种变化可能微不足道，但如果要求我们做出类似的变化时，就会感觉这些改变很大。这并不是因为我们小题大做，而是因为在生理层面上，这就是天大的问题。

当你告诉某人一个新的事实，而且这个事实还暗示他们如果当初那样做了，也许能让事情更好一些的时候，这往往就相当于给对方挂上了一面巨大的红色横幅，上面写着："你犯错了！你做错了。"

回想一下，你过去给别人讲道理的时候成功过吗？正如前面所说，当一个人只对他的另一半说"有时间吗？我们必须得好好谈谈"的时候，就已注定不会有好的结果。因为无论你如何巧妙地提出这个话题，你爱人的大脑都会快速思考，并意识到"我们必须得好好谈谈"的潜台词是"有些事情需要你做出改变了"。所以，从生理上来说，你的爱人已经开始准备战斗了。

你可能在想，你不是要攻击你的另一半，你只想让她刷完牙记得盖上牙膏的盖子。但是这不就是在告诉她之前做错了吗？

这才是引起她注意的地方。现在她的目标变成了证明你错了。最要命的是，她可能之前已经有些动摇，毕竟牙膏口堵一块干牙膏很恶心，但这种情绪此刻已全部消失了。她会立刻反驳说："牙膏没盖好有什么大不了的，你呢？脏衣服乱扔，湿毛巾用完从来不挂起来……"然后两个人就吵起来了。

奇普·希思（Chip Heath）和丹·希思（Dan Heath）在《让创

意更有黏性》（Made to Stick）一书中指出："问题在于，当你'一拳'落在受众们'眉心'时，他们会反击。你向他们传递信息的方式就给他们做出了暗示，相当于告诉对方应该如何反应。如果你提出一个论点，其实就已经隐晦地邀请他们评价你的论点——评判、讨论、批评，然后反驳。至少他们内心会这样做。"

然而，故事会封锁大脑负责分析的区域。你有没有注意到当你跟别人说"我给你讲个故事"时，对方就会放松下来？肢体语言也会发生变化——侧身仔细倾听，就好像多巴胺冲上去，对大脑负责分析的区域低语道："嘘，别说话！我想沉浸在故事的世界里。"这里的"沉浸"并不是夸大其词，而是真的沉入故事中。大量的功能磁共振成像研究表明，当你沉浸在一个故事中时，故事的主人公做某事时，你大脑负责做这件事的区域就会激活，仿佛你在做同样的事情。在你大脑看来，这就是身临其境的体验。由此，故事能让你间接地感受某个事实的实际效果，从而引发改变，这是单凭讲道理永远无法做到的。

故事工具

故事能让你间接地感受某个事实的实际效果，从而引发改变，这是单凭讲道理永远无法做到的。

我给你举个例子。俄亥俄州立大学（Ohio State University）在2010年做了一项研究，旨在对比哪项能让更多女大学生采取避孕措施，是讲述少女怀孕艰辛的新闻节目，还是一集夜间播出的流行青春偶像剧？

实验团队让一组女生观看了新闻节目，该节目制作精良，质量很高，充满了许多非常可怕的数据和事实，罗列了从意外怀孕的瞬间到人死亡可能产生的所有影响。节目采访了一些未成年母亲和父亲，让他们陈述自己的生活是如何因为没有采取防范措施而被颠覆的。但是，这只是人们的事后总结，和目睹他们经历这件事是有很大区别的。如果他们讲述的是关于过去的故事，而且充满细节，那的确会很吸引人。但是如果仅仅是对过去的总结，就会把我们阻隔在这些经历之外。因为总结只是简单地陈述经删减后的事实，而不是像故事那样，让我们对这些事实感同身受。说到这里，我们来看看另一组女生吧。

另外一组女生观看了一集《橘郡风云》（The O.C.），该剧讲述了高中生瑞恩（Ryan）和特蕾莎（Theresa）如何应对意外怀孕引发的种种悲剧。剧里没有事实，没有图表，更没有数据，只有特蕾莎早上醒来，发现自己的世界因怀孕而被颠覆了的镜头。实验的结果估计你已经猜出来了。对比这两组受试者，观看新闻节目的女生感觉新闻是在告诉自己应该做什么，仿佛暗示她们可能犯了错。她们的大脑感觉受到了攻击，急于化解内心的不安，立即提出了反驳："这永远不会发生在我身上，我才不会那么做，我不可能犯这种错误。"讽刺的是，新闻引用的未成年父母实例，反而成了激发矛盾的事实，因为不符合女性对自己的看法，因而产生了抵触心理，并没有实现实验团队期待的教育效果。

这里证明了一点，从他人的经验中学习，关键不是对方告诉我们最终的结论如何，而是对方是否讲述了能够引发共情的故事，能让我们从头到尾一起体会。可想而知，根据这项研究，观看新闻节目的女生不为所动。报告显示，她们对于避孕措施的观点一点也没有改变。但那些目睹瑞恩和特蕾莎在困境中挣扎的女生却纷纷表示，绝不希望自己陷入同样的困境。为什么在这么大的事情上，所谓为娱乐而打造的故事反而会产生能改变人生的影响？该研究的共同发起人艾米丽·摩耶·顾塞（Emily Moyer-Gusé）说："许多女生都能够设身处地体验主人公的困境，并意识到如果不小心的话，她们可能会陷入类似的境地。"这可能就是为什么两周后回访时，那些在实验中表示认同特蕾莎的女性仍然感到如履薄冰，表示更愿意采取避孕措施。艾米丽·摩耶·顾塞表示："人们不采用避孕措施的原因之一是抱有侥幸心理，幸存者偏差让她们认为坏事不会发生在自己身上。但如果观看故事类的节目，让她们间接体验到糟糕的结果，就可能改变人们的行为，这是直接罗列信息很难实现的效果。"

没错，故事比事实有力得多。但是，故事不是事实的对立面，而是将事实赋予人性，让事实平易近人的帮手。单凭事实说服别人，可能只会使我们停止思考，立刻反击。这就是故事如此强大的原因，并且还赋予讲故事的人强大的力量。

故事不是软科学。我们将在后文进行探讨，我们在做决定的时候，生理系统中只有故事能让我们理解宏大的观念、朴素的事实以及抽象的概念。

归纳要点

我们喜欢利用事实来证明自己的立场，因为感觉事实不可撼动、不容置疑，让我们备感安全。但是，当我们试图说服人们做出改变时，事实往往会给人无关紧要、难以理解或具有威胁性的印象，而故事可以将事实赋予人性，这样人们就可以体验故事产生的影响。原因如下：

• 因为注意力是一种稀缺的神经资源，我们只关注那些会即刻对我们产生可量化影响的事实，无论是在身体上、社会上还是心理上。

• 我们不会仅仅因为客观事实是正确的就对其加以关注。如果对我们无关紧要，或者如果我们没有相应的背景来理解它的具体相关的含义，我们就会听不进去。

• 我们总是想当然地认为，我们所知道的信息别人也知道，我们和我们所在社交圈秉持的信念别人也深信不疑，我们眼中的世界就是别人看到的世界。问题在于，这种想法很可能让我们误以为一旦给出事实，受众就会立刻理解我们的意思，并且会知道如何去做。

• 人类的生理习性迫使我们抵制变化，坚持熟悉的事物，也就是我们既有的观念，毕竟我们靠这些观念活到了今天。

• 一旦我们相信某件事是真实的，它就成为我们身份的一部分。因此，挑战它就相当于人身攻击。对我们的大脑来说，身体上受到的威胁和对我们观念的挑战是一回事。

·大脑有用来抵制变化的防御机制,故事可以绕开这套机制,让大脑处理故事里的新信息,而不是与之抗争。

3. 拥抱情感

> 人们会忘记你说过的话，也会忘记你做过的事，但永远不会忘记你给他们带来的感受。
> ——诺贝尔文学奖得主 玛雅·安吉洛（Maya Angelou）

小学的时候，老师嘱咐我们要先收集所有的事实、数据，进行客观、理性、冷静的分析，最后再做决定。有一点尤其要注意，在做决定时，不能掺入情感，因为情感就像是调皮的小丑，稍不留意就可能会影响我们的判断。如果放任情感，我可能真会决定离家出走，跑去演马戏。

老师讲的道理简单明了，遇事客观分析会让我们更加安全，只有做事抓不住重点的人才会任由情感摆布。理性和感性就好像是两个为了争夺我的灵魂而在我脑海里打架的战斗机器人。但是，事实并非如此，理性和感性不是二元对立、非此即彼的。接下来我们会看到，没有情感是无法做出真正理性的决定的。

那么，这种二元对立的误解是谁开始传播的呢？是一位名叫柏拉图的人。

柏拉图发表了许多对人性的见解。他确实是位名副其实的智者，因此我们也始终对他的话深信不疑。但他恰恰有一个基本观点产生了谬误，无论这个观点多么让人深信不疑，但究其根本，它大错特错。这个观点是什么？柏拉图认为理性不仅比感性更重要，而且最好是冷酷无情的。然而感性仍潜伏在旁，咬牙切齿，伺机篡位，好让我们脱离"正道"。

柏拉图对此做了一个很生动的类比。他说，人类好比古罗马战车（脑海里可以插入《角斗士》中罗素·克劳的形象，这样想更有趣）。现在，想象拉着罗素战车的两匹战马，这不是任何常规意义上的马，这两匹马代表的是柏拉图眼中人性的两面。接下来就用他的原话介绍吧：

我说过，这两匹马一匹温顺，一匹顽劣，但还没有解释为什么这样说，现在我来解释一下。右边的马身材挺直，毛光水净，头项高举，鼻似鹰钩，黑眼白毛。它有着谦逊而节制的名声，追求真理。无须鞭子教训，只用语言和训诫就能驾驭它。而另一匹马直不起身、动作迟缓，仿佛随便拼凑起来的动物。它的脖子又短又粗，五官平平，颜色黝黑，灰眼红毛。它桀骜不驯，骄傲放纵，耳朵长毛还听不见，任凭鞭打和靴刺也不就范。

那么这两匹马代表什么呢？白马是客观理性。那匹冒失的黑马呢？不用猜也知道，就是主观的感性。你会骑哪匹马驰骋夕阳下，将哪匹马快点送去胶水厂当原料？

柏拉图不想卖关子，他耐心地解释道："是大脑更加优异的一面创造了秩序和哲学。让它主导我们的思想，我们就会在幸福与和谐中度过一生，掌控自我，有条不紊。"

朋友们，从那时起，这种观点就成为西方思想的基础。

但这种观点大错特错。虽然我们接受的教育总是将情感贬为蒙蔽理智的存在，指责其混淆思想，导致冲动且不合逻辑的决定。但神经学研究表明，事实恰恰相反，情感主导了我们做的每一个决定，是情感让我们在一秒间就能判断什么是安全的，什么是危险的，什么是对自己重要的。情感的这种能力确保人类能够长期生存，情感是相当有意义的。

本章我们将探索为什么情感会受到如此不公正的评价；为什么想改变某人对某事的看法时，必须先改变对方对其产生的感受；为什么想要讲好故事完全取决于建立情感联系；我们是怎么误解情感的作用，从而无意中失去了我们最强大的"利刃"——故事；最后将讨论如何学会利用这柄"利刃"。

故事工具

想改变某人对某事的看法，必须先改变对方对其产生的感受。

情绪和情绪化

我所说的"情绪"（emotion），并不是指"情绪化"（emotional）。通常"情绪化"是一个带有贬义的词，在很多方面绑架了"情绪"的概念。"情绪化"指的是一种狭隘且强烈的感受，这种感受冲昏人的头脑，仿佛将我们五花大绑，强迫我们冲动做出具有灾难性后果的决定，而且冲动过后第二天早上肯定会后悔。这种冲动每个人都经历过，当然，冲动之时我们肯定不会承认的。

遗憾的是，大人们教我们在做决定时，要将所有的情绪都贴上"情绪化"的标签，仿佛只要流露出一丝感情就会让你变得不可信。我们学到的是要抑制情绪，否则就会被其吞没。甚至在词典里也将"感性选择"（emotional decision）定义为在感性而非理性的驱动下或受其影响、支配所做出的决定。

言下之意很清楚：感情用事不是好事。

如果你被贴上"情绪化"的标签，就会掩盖一切优点，不论你过去多么出色，获得过多少荣誉。美国著名节目主持人奥普拉·温弗瑞（Oprah Winfrey）就深切感受到了这一点。2017年，时任哥伦比亚广播公司（CBS）王牌新闻节目《60分钟》（*60 Minutes*）执行制片人的杰夫·费格（Jeff Fager）宣布，将聘用奥普拉·温弗瑞为专访员。他激动地说："世上只有一个奥普拉·温弗瑞，她在方方面面都取得了卓越的成就。我很高兴她将加入我们，为我们的节目带来她独具特色、强大且震撼人心的声音。"

至少他口头上是这么说的。事实证明,在节目的制作团队看来,这些卓越成绩都抵不过一个更糟糕的东西,那就是——杰夫·费格称赞奥普拉独特而有力的声音,其实另有一层意思。

事实上,制作团队觉得奥普拉的声音有点太"情绪化"了。正如奥普拉在"好莱坞"报道采访中透露:"他们说我在念自己的名字时太情绪化了,得练一练怎么说,这让我有些不乐意。录节目的时候,单在名字的问题上就重拍了 7 次,就是因为'太情绪化'。我问是'奥普拉'讲得太情绪化呢,还是'温弗瑞'这部分太情绪化了,他们说我需要把声音放平,我的声音太激动了。所以我录节目的时候都要努力压抑自己,弱化我的个性。在我看来,这样做效果肯定不会好。"

奥普拉讲得很对。然而,社会惧怕情感,要求我们每个人不论真正的感受如何,时时刻刻都要情感内敛、心平气和,仿佛流露情感是件十分不得体的事情。CBS 高管很显然深受柏拉图的影响,他们似乎认为观众也是如此,所以要求全部报道都必须用中立的语气,甚至连专访员如何读自己的名字也要加以规范。

在高管看来,这不仅仅是个人偏好的问题。他们认为,如果奥普拉流露过多感情,就会显得很不专业,导致节目赔钱。他们对此深信不疑,毕竟对方是大名鼎鼎的奥普拉,她的整个职业生涯就是对情感力量的诠释,利用情感与观众产生共鸣,从而传达自己的观点。

奥普拉最终没有顺从,而是选择了离开,还没有出镜就解约了，想想这是多么可笑的一件事吧。她当初能够成功是得益于她的情感，而高管们认可她的成就，但害怕她的情感，从而失去了本可以由她带来的大量观众。

这像是出于理性而做出的决定吗？

笼统的情绪

人们把"情绪"和"情绪化"混为一谈已经够糟了，但事实比这更糟。我们使用所谓的笼统的情绪来对情绪进行分类，也反映了我们对情绪的恐惧。"笼统"的情绪是指我们收集、分类和命名好的情绪，包括愤怒、爱慕、嫉妒、仇恨、暴怒、快乐、幸福、悲伤等。在此分类的过程中，我们将最强烈、最微妙的情绪概括为统一、同质，而又模糊的定义，仿佛将它们关入笼子，用定义来约束情绪，以便更好地与情绪保持安全、客观的距离。

管控和驾驭情绪的想法很好理解。如果情绪潜伏在一旁，随时准备爆发并伤害我们，那我们就必须学会保护自己。但是"笼统"的牢笼空隙很宽，一不小心情绪就会流露于外。一方面表明情绪是无法被框住的，另一方面这也是一件好事，因为事实上情绪并不是要伤害我们，而是要确保我们的安全。

从进化的角度而言，情绪起到了早期预警的作用。一旦某事引起了我们的警觉，情绪就会充当无意识认知的信使，吸引我们的注意力，让我们专注于当下最重要的事情。可能听起来很可怕，因为情绪故意破坏了我们最想得到的感受——对自我的掌控，所以我们会试着压抑情绪，以便更清晰、冷静地思考（虽然人们往往忽视冷静其实也是一种情绪）。

正如神经学家安东尼奥·达马西奥（Antonio Damasio）在《笛卡尔的错误》（*Descartes' Error*）中指出："对于如何看待情绪，我们存在的问题是，认为感觉和情绪是虚无缥缈的概念，上不了台面，不能与有形的思维同台共舞，虽然二者本身也属于有形思维。换句话说，我们不可能把它们排斥于外"。

我们每天、每时、每秒都能感受到情绪，大多数无法描述，不能关进"笼统"定义的牢笼，它们指引着我们生活，只不过有些时候我们意识不到罢了。毕竟，正如安东尼奥·达马西奥在《当自我来敲门》中明确指出："任何意象、任何主题，但凡有意识的参与，就会引发情感和随之而来的感受，这种感受我们是阻止不了的。我们当然可以躲避、辩解、证明、否认，甚至努力让自己麻木，但是从根源切除情绪，让自己无法感受是不可能的。"神经学家大卫·伊格曼（David Eagleman）对此表示赞同，他说："情绪不仅让我们的生活更加丰富，同时也在幕后指引我们的每个决定。"

这是否意味着无论我们怎么努力，我们的每个行动也无法脱离情绪的控制？对，但同时也不对。之所以说"对"，是因为我们无论如何都会受到情绪的影响。之所以说"不对"，是因为这只是等式的一半，还有理性在发挥作用。毕竟，就像我们之前说的，感性和理性不是非此即彼的，而是相辅相成的。

当然最终的决定权是在感性手中，而且大多数情况下，情绪能把我们引向正确的方向。

理性与感性：先感受，再思考

感受先行，理性善后，我们祖先就是如此。当时需要思考的东西不多，但每件事都关乎存亡，没有可以犯错的余地。你看到灌木丛有东西在动，感性断定是头狮子，于是你转头就逃，从没想到自己还能跑得这么快。如果你花时间先理性分析，可能就来不及了。就这样，感性救了你的命。你不得不承认，这种生存机理合乎逻辑。认知神经学家塔利·沙罗特（Tali Sharot）指出："附有情绪的反应是身体在跟你说，'喂，发生了大事，必须进入应激状态。'"

这种感觉我深有体会。我家住在公寓的 5 楼，有一天晚上，我在家工作到深夜。当时我正聚精会神地赶工作，突然听到一阵蜂鸣声。这么晚了怎么还有人按门铃？我也没约人，所以估计是谁不小心按错了，因此就没搭理。1 分钟后，不知为什么，我感到体内肾上腺素飙升。与此同时，我远远地听到楼下庭院传来了叫喊声。我想都没想就跳了起来，向窗外望去，只见浓烟从隔壁公寓的窗户滚滚而出。"着火了，着火了。"外面的人喊着。我一只手拿起笔记本电脑，另一只手扛起我 6 岁、尚在睡梦中的儿子，而且还莫名其妙地揣上我家的无线电话听筒，一口气冲到楼下。天正下着雨，我们连鞋都没顾得上穿，但是安全躲过了火灾。当时的感觉就像是着了魔一样，但这其实并不是魔法，而是我大脑里值得信赖的杏仁核向我发出了不容忽视的警报。

为什么我会和着魔一样？在幕后，我的潜意识认知一直在监督整理传入大脑的数据，并解读其中的含义：深夜院子里传来越来越多的人声，而且声音相当急促，音量越来越高，伴随着午夜响起的蜂鸣声。每件事单独来看其实都挺正常的，但综合起来看，传达出的信息很明确——一定有事发生。于是身体立刻分泌肾上腺素，引发情绪。

当然，情绪也时不时地会出错。灌木丛里传出沙沙声，实际上可能只是老鼠在挠痒；你以为是蛇，可能只是根木棍。但你要知道，这种情况下，哪怕你认错一百次、一千次，你也不会有危险。反过来，如果你把蛇错当成木棍，只要一次你就"呜呼哀哉"了。从进化的角度进行成本效益分析，如果把木棍误判为毒蛇能够让我们在真正面临危险时始终保持警惕，这一点点的小插曲还是值得的。

如今人们不太可能被埋伏在角落的蛇袭击，"杯弓蛇影"也全然成了隐喻，因此理性思考就占了上风。比如有一次我半夜醒来，突然产生一股冲动，想溜下楼，把厨房里的巧克力蛋糕吃掉。但我当时没有下楼，而是坐在那里，理性地思考这一种冲动。我想到我一直在坚持健康饮食，查了那么多的网站，好像没有谁说过在凌晨吃一整个巧克力蛋糕是健康的。另外，明天是女儿的生日，蛋糕是我为她烤的。要是第二天她只在水槽里发现了一个空盘子，就不妙了，所以我没有去吃蛋糕。

难道我选择克制自己是因为收集了大量"深夜吃蛋糕有害"的数据吗？当然不是，而是因为基于这些数据我做出了判断：吃蛋糕会让我心理和生理都不舒服。

由此可见，最终的决定还是由情绪主宰的。

事实上，人没有情绪是无法做出任何理性决定的。美国南加州大学神经科学教授安东尼奥·达马西奥（Antonio Damosio）指出："人人都面临错综复杂、充满不确定性的个人问题和社交问题。单凭理性思维，即便其非常缜密，也无法妥善处理这些问题。理性是脆弱的工具，需要额外的辅助。"让我们来回顾一下这句话："理性是脆弱的工具"，听起来理性好像不堪一击。但记住，理性和感性不是非此即彼的关系，不是二元对立，而是相互依存，同属一个团队，这个团队就是你的大脑。理性和感性需要彼此协作才能做出决定，助力你的生存。不论是我们的祖先在丛林应对看得见摸得着的危险，还是今天人们在大都市挣脱无形的困境，都需要理性和感性的协作。为此，有一点可能出乎意料，没有感性，理性不仅脆弱，而且毫无意义。

接下来的案例可以充分说明这一点。

安东尼奥·达马西奥经常在书中提到自己一位名叫艾略特的病人。艾略特原本十分成功，事业顺利，家庭美满，不论工作还是居家都堪称模范榜样。不幸的是，艾略特患上了脑瘤，好在是良性的，专业的外科团队完全可以切除得干干净净。但由于此前，肿瘤已经损坏了他的部分额叶组织，因此这些组织也要被切除。手术过后，艾略特表面上顺利康复，身强体壮，但实际上，他已经完全是另一个人了。

他的生活开始分崩离析，他逐渐失去了工作和家庭，做的事情令人费解，不仅白费力气，甚至下场凄惨，所剩无几的积蓄通通被骗子卷走，最终他只能依靠父母生活。

怎么会这样呢？难道艾略特道德品质上有某种缺陷，只是之前不为人所知吗？还是因为他懒惰？一些专家正是这么想的，所以政府取消了他的残疾补助金。

这时安东尼奥·达马西奥介入，并为艾略特做了检查。他的行为是出于自愿，还是潜藏的手术后遗症呢？安东尼奥·达马西奥对他进行了大量的测试，最终发现艾略特失去了感知情绪的能力。但与此同时，他的"客观"知识储备却丝毫没有受到影响。

艾略特在智力测试中，分值超过97%的人，和原来一样。你向他提出的任何问题，他都能非常详细地列举出各种解决方案，但就是无法从中选出最佳方案。走进办公室之后，他会开始犹豫到底应该做什么，是老板特别想让他完成的任务，还是再处理一下文件？如果处理的话，是用蓝笔还是黑笔？午餐时，他会在不同的餐厅之间徘徊，阅读菜单，就是不进去，因为他不知道自己到底想吃什么。事实证明，他出众的分析能力在"午餐吃什么"这样再简单不过的问题面前也束手无策。

你能否想象无论碰到什么事你都无法产生任何感觉？想象一下你的爱人走进你的视野是什么感觉，很美好吧？想象一下，你的敌人带着恬不知耻、自以为是的笑容走进门来，你是不是感觉恶心？再想象一下，你的爱人和敌人手牵着手走了进来，但你却什么也感受不到……

没有情绪，你怎么能知道什么是爱，什么是恨，哪种情绪该用在爱人身上，哪种要用于敌人身上呢？也许理性可以帮你分析为什么会产生某种感觉，理性也可以告诉你应该有什么样的感觉，但是它不能让你真正体验这种感觉。只有情绪能做到这一点，是情绪促使你购买那辆二手翻新的、青绿色的、1954 年的雪佛兰皮卡，而不是全新的福特 F-150；是情绪促使你捐钱给南方贫困法律中心，而不是把钱花在梦寐以求的旅行上；是情绪让你雇用求职者甲，而非求职者乙，即使他们的履历一样优秀。

客观理性运用的是普适、宽泛的真理。理性会质疑，"你明知道福特 F-150 性能要好得多，为什么你却选择了 1954 年的雪佛兰呢？""你明知道自己需要攒钱旅行，给身心放假，怎么能突然把钱送给陌生人呢？""天啊，这两个应聘者看起来都很完美，你是怎么做出选择的？抛硬币吗？"这些问题的答案，是你的理性思维用再多图表和数据分析也琢磨不透的。

而感性既不客观也不普适，情绪是非常具体的，情绪根据你的经验，做出对你来说正确的选择。你选择 1954 年的雪佛兰是因为你奶奶曾开过一辆，光是想想就觉得期待；你捐款给慈善机构是因为在 3 年级的集会上，该机构给你们播放了马丁·路德·金（Martin Luther King）的《我有一个梦想》的演讲，从那以后，你从骨子里就认同要为经济困难的人挺身而出；你雇用了求职者甲是因为她让你想起了你妈妈最好的朋友，那个人忠诚、可靠、不畏艰难。

从生物学的角度来讲，情绪究竟是如何帮助我们判断什么更适合自己的呢？

记忆：个人"解码环"的形成

之前讨论过，从出生开始，你的无意识认知就一直在记录你的世界里发生的一切，原因有两个。首先，要确保你每时每刻的安全。其次，无意识要利用这些信息创建一个不断更新的"参考手册"，帮助你理解将来可能发生的事、评估事件的重要性，并采取相应的措施。当然我们说的"安全"不仅仅是物理意义上最基本的安全，比如过马路前要朝两边看；洗完头要吹干再出门，不然就会感冒等。我们说的是你社交层面的安全，这种安全更微妙、更复杂，也更难以预测。

无意识认知是如何为你量身打造一套评判标准，并巩固其在你记忆中的地位呢？通过它的"伙伴"——情感。情感判定某事件需要长期记忆的时候，会提醒你的无意识认知，以备未来可能会用上该事件所包含的信息。如果某段经历没有情感的标记，很快就会蒸发，仿佛从未发生。听起来可能让人感觉沮丧，但事实就是这样。

我意识到这一点的那个时刻仍清晰地留在我的脑海。当时我上10年级，在学校里漫无目的地走着，陷入沉思……我在思考一件事，尽管昨天每一分钟都是我亲身经历的，但能记住的细节甚少，回忆起来已是一片模糊。然后我突然意识到，之前的人生经历大多已消失不见，仿佛化作迷雾。尽管对于15岁的我而言，这段人生无比漫长，尽管每天每夜都是我亲身体会过的经历，当时也确实全神贯注地参与其中。

这个想法惹人深思,但也很容易搁置一旁。因为15岁的时候,我认为人生还长着呢,即便以后我忘了今天放学后去了橙汁店,忘了星期二我穿的是什么衣服也不要紧。有趣的是,虽然我无法记住每分每秒发生的事情,但我在那个特殊时刻得到的感悟会让我记一辈子。事实的确如此,这一刻我铭记了一生,因为它让我领悟了生活中非常重要的道理,并且让我感觉自己很聪明。

我完全没有自己想象的那么聪明,因为当时还没有完全弄清楚这件事。我的假设是即使我们无法轻易回忆起某些记忆,它们也还存在大脑中,要么在某个角落,要么四处游荡。毕竟,有人曾说过我们只用了大脑的10%。以前我会认为大脑另外90%的作用就是储藏那些被遗忘的记忆,比如,什么是动名词?7岁时在文图拉大道吃饭的那个有牛皮座椅的餐厅叫什么?分数的乘法的运算法则是什么?……我误以为记忆就像是在床底积攒的尘土飞絮,你可以挖出来,但需要一把长把的扫帚。

这种观点受到了另一个这样假设的支持,即你的记忆就像一台有无限储存量,可无限续航的摄像机。人们认为不论发生什么,我们的记忆都会记录下来。这个理论认为,这些记忆都会原样保存在脑海中的某个地方,既客观又可靠。调取记忆就像从仓库里找出一尊大理石雕像一样,拿出来看看,再小心翼翼地放回原位,记忆还是那样完整,和原来一模一样。这种想法令人十分安心,不是吗?但事实上,这样假设完全是错误的。

你是否曾认为如果嘱咐某人某事,他们就会记住,毕竟你已经叮嘱过了。这种想法也是错误的。你的受众为什么最终没有记住你讲的事？因为他们早就忘了，甚至不记得你和他们说过话。

记忆进化不是为了让我们记住一大堆事实，也不是为了让我们在怀旧时能有值得回味的纪念。和情感一样，记忆之所以存在，目的是为了保证我们的安全。我们的生命随时都可能面临上文中最危险的情况——遇到出乎意料的事件。神经学家迪恩·布诺马诺（Dean Buonomano）在《大脑是台时光机》一书中明确指出："记忆的进化并不是为了让我们怀念过去。记忆进化唯一的作用是让人们预测未来可能发生什么，会在什么时候发生，以及应该如何处理。"

记忆只有预测未来这一个目标，而且从根本上讲，这一目标的逻辑非常合理，甚至听起来像程序一样机械，仿佛是为你精心设计、严密校准过的个性化算法。但不像电商平台靠个人喜好推送功能那样不靠谱，我们大脑的算法可要精确得多，这是必须的，不然我们也不会活到现在了。

从你呱呱坠地的瞬间，大脑就一直在寻找和关注可靠的规律。"懂了！如果我的哭声很大，那个好人就会过来给我喂奶！"一旦某个规律得到验证，人们就会在心里默认其一定会发生。当这种心理预期被打破会发生什么？肾上腺素会飙升，情绪爆发，大脑会拽出导致这种预期产生的记忆，然后分析为什么预期的事情没有发生，同时还会调出与其相关的所有回忆，快速判断问题的根源，以及该如何应对。布诺马诺说："不论你是否意识到了这一点，你的大脑时时刻刻都在自行预测接下来将会发生的事情。"

情绪加上记忆：产生感受

情绪的任务就是帮助你找到正确的方案面对未来将要发生的事情。某件事情发生后，你的大脑会收到新信息，告诉你什么是安全的，什么不是，情绪会把这些信息从不相干的事实中提取出来，就好像给它一张 VIP 通行证，将它存入长期记忆中。这样你才会知道，如果老板这周第三次发现你处理自己的文件，而不乖乖写报告并在中午之前交给她，她会有什么感受。

印度裔美国神经学家维莱亚努尔·苏布拉马尼安·拉马钱德兰（Vilayanur S. Ramachandran）在《泄露秘密的大脑》（*The Tell-Tale Brain*）中对此进行了解释："杏仁核协同记忆和边缘系统中的其他结构，权衡你所看到的一切究竟有何情感意义？是朋友、敌人还是伴侣？是食物、水还是危险？是不是稀松平常的事物？如果无关紧要，只是一根木头、一块棉絮或风中沙沙作响的树木，你就不会产生情绪，而且很可能会忽略。但如果很重要，你马上就能感受到。"我在这里要补充一点，不重要的事物还应包括你无法分析和理解的信息，以及与你的日常生活无具体关联的事物。

这点很好理解，带有强烈情绪的记忆是很难忘记的。这就是为什么信息一旦和情绪结合起来，就会极大地提高其编码为长期记忆的概率，确保安全储存，以便将来参考。

情感越强烈，记忆就越牢靠。正如认知神经学家伊丽莎白·菲尔普斯（Elizabeth Phelps）在《神经生物学前沿》上指出："情绪强烈的事件在记忆里具有持久性和鲜明性的特点，这是其他记忆所缺乏的。"而且，在大多数情况下对人有利。

情绪强烈的记忆并不是像人们普遍认为的那样缺乏理性。事实上，这些记忆是非常理性的。科普作家乔纳·莱勒（Jonah Lehrer）在《如何做出正确决定》（*How We Decide*）一书中指出："人类情感之源是弹性极高的脑细胞做出的预测，这些脑细胞不断地调整彼此之间的联系，以更好地反映现实。"每当你犯了错误或遇到新鲜事物，脑细胞就在飞速调整，适应变化。

这与人们潜意识中可能存在的另一个错误观念相左，那就是一旦大脑与现实建立起来联系，我们的大脑就不会再发生太大的变化，但事实上它是能够发生改变的。如果人类无法改变，那么如何适应超出我们控制的情况呢？

改变是可以发生的，但改变真的非常非常困难。我们通常只有当局势完全不可控时，才会逼迫自己改变。换句话说，只有当一种新的经历使改变成为生存的必要条件，或者如果不改变就会影响我们在"部落"中保持良好地位时，我们才不得不改变。因此想要改变别人对某事的感受，想要推翻对方通过经验习得的观点，唯一的方法就是给对方提供新的经历，让他们重新审视自己心中的"真相"。

这是否意味着如果你想说服别人，就必须让别人在生活中切实经历这些事件呢？还好不是这样。我们不可能只通过亲身经历来习得知识，我们的生理机制为我们提供了一种所谓的"远程学习"备案。因此，我们可以通过故事让受众间接地体验，接受新知识，这是仅次于亲身经历的好办法。

生理上的虚拟现实

上一节我们对比了美剧《橘郡风云》和某新闻节目对女生的影响，发现故事能让女生感觉到避孕措施的重要性，而罗列数据和事实是做不到的。故事并未提供客观的信息，但可以通过情感让这些信息更加生动，带入我们的生活。现在，我们将从生物学的角度深入探究其背后的原因。

"讲故事是让人类产生共情的利器。"认知神经学家劳里·努曼玛（Lauri Nummenmaa）在学术期刊《神经影像》（*Neuroimage*）上写道："故事能使我们'捕捉'到口头语和书面语中表达出的情感。"

在此基础之上进一步挖掘，我们就会发现，有感染力的不仅是情感，还有情感背后的逻辑。故事将事实转化为经历，让事实具象化，并让我们从情景中理解事实的意义。简单地说，故事能让我们发自肺腑地感受某个事实对生活的影响。当我们沉浸在故事中，我们不仅能与主人公感同身受，还会理解产生这种感受的原因。

故事工具

当我们沉浸在故事中时,我们不仅能与主人公感同身受,还会理解产生这种感受的原因。

神经学研究已经证明,听到引人入胜的故事时,人的大脑活动会开始同步。谈到大脑是如何沉浸在故事当中,认知神经学家塔利·沙罗特(Tali Sharot)是这么说的:"同步现象不仅出现在大脑中重点负责语言和听力的区域,在我们产生联想,生出感情并做出相应举动,与主人公感同身受,产生共情的时候,大脑的相应区域都会发生同步现象。"

听故事的时候人们真的会实现情感共振。成千上万的人听过同一个故事后,都会因为同一原因产生同样的感受。劳里·努曼玛写道:"富有情感的语言似乎可以将人们的思维齐聚一堂,促进社交互动。这种语言可强化同步个体之间的思维、脑活动和行为,让我们不断地将他人的情感状态映射于自己大脑相应的区域。"

仔细推敲这句话,我们会认识到新的游戏规则。也就是说如果对方直接告诉我们他们从经历中学到了什么经验,这并不能让我们也获得同样的经验。只有对方讲述一个富有情感、发人深省的故事,让我们和他们一起学习,我们才能获得他们的经验。

这就是为什么你在创作故事时会感到畏惧,因为你必须投入情感,不能蜷缩起来,用表面光鲜可靠的客观数据来敷衍。

另外，故事一般讲述的是人们获得感悟的过程，也就是说起初他们并不知道这些重要的知识，甚至有可能因此犯错。所以，如果你讲的是自己的亲身体会，那就显得格外困难，只要想想就会让你的双手流汗。因为不管错误大小，只要是承认自己的错误，就会让我们觉得暴露了弱点。这也就是为什么我们不愿讲故事，而更愿意谈谈已经习得的知识，因为这样让我们显得有智慧，我们也更有安全感。

遗憾的是，不断试错是学习新事物的唯一方法，这意味着我们要么一边犯错一边前进，要么停滞不前。美国前总统西奥多·罗斯福（Theodore Roosevelt）的总结十分简洁凝练："唯有什么都不做的人从不犯错。"这可能也是我们喜欢故事的原因之一，故事可以让我们从别人的错误中吸取教训，比起亲身经历，这样更简单，也更安全。

因此，一个故事要想有感染力，一个重要的因素就在于承认错误。无论故事里的主人公是不是你自己，如果主人公承认自己所做的事情不尽如人意，出了问题，你的受众就会想："哇！我也经常犯这种错误。想不到我们如此相像！"

这样才能引人入胜，让受众瞬间对你产生认同感，与你共情。毕竟，大多数人很多时候都会感到脆弱，只不过尽量隐瞒而已。如果我们认为其他人都泰然自若，只有我们自己感到迷茫，那么脆弱感会格外明显。所以，当有人鼓足勇气，打破沉默说"我犯了这个错误"或"我做了这件怪事"，我们就会立刻感到宽慰，因为这让我们知道自己不是唯一感到迷茫的人，反过来会促使我们为对方加油。

因此感到脆弱未尝不是一件好事，这意味着你有冒险的勇气。毕竟，这就是你想让你的受众做的——冒险，尝试新鲜事物，体会新奇的感受。

我们不应该惧怕情绪，而要拥抱情绪。情绪让人类得以生存并掌控世界，它是真正的智慧所在。情绪不是系统中卡住齿轮的把手，情绪就是系统本身。

故事工具

情绪的两大原则：
- 不要惧怕情绪，而要拥抱和感受自己的情绪。
- 情绪不是系统中卡住齿轮的把手，情绪就是系统本身。

但有件事情需要注意，情绪确实能让观点更易被人接受，但如果你想说服他人相信某种观点，你的目标绝不是简单的激发某种笼统的情绪，而是要激起某种特定的情绪。这种情绪能让你的受众明白该信息对他们而言重要的原因，而智能外呼机器人是做不到这一点的。当然了，智能外呼机器人也能引起某种情绪——恼怒。它也确实能让我们采取行动，如果打来的电话是不认识的号码，基本上一概不接。这当然不是商家想要的结果。

如果想让人们采取积极的行动，必须要让他们在乎这件事。因此，故事要做的第一件事就是引起人们对主人公的关心。最好的办法就是暴露他们的弱点，要不然人们怎么知道故事中的主人公也是和他们一样的普通人呢？

如果想要你创作的故事达到这一效果，首先需要知道故事的本质是什么。真相可能会让你大吃一惊。

归纳要点

故事是由情绪驱动的，我们也是如此。这不是"软科学"，而是人类的生理机制。理解情绪在生活和故事中的作用，可以让我们创造直击受众心灵的故事，高效传递我们的观点，这是单凭事实做不到的。因此要记住以下几点：

·情绪不是虚无缥缈、随心所欲或失去理智的，情绪是一种生存机制。

·情绪并不能简单地归类，用简单又笼统的定义来束缚。情绪是复杂的、微妙的、无刻不在的。

·理性和感性之间不是非此即彼、相互排斥的对立关系，而是相辅相成的合作关系。但在做决定时，感性起主导作用。

·情绪决定了哪些经历将存储到长期记忆中。其判断标准是，如果将该事件存储到长期记忆中，人们是否能够更轻松地应对未来将要发生的事情？

・人类进化出情绪的目的是让我们知道哪些记忆需要保留,哪些可以放心地丢弃,所以注入情感的记忆更加生动、稳定和持久。

・能够说服受众的故事要以脆弱感为中心,让人们与主人公产生共鸣,激发更强烈的情绪。

4. 故事：大脑的需要

> 故事是思维的基本工具，是理性能力的基础，是我们窥探未来的主要方法，帮助我们进行预测、做出规划和解释问题。
>
> ——认知学家 马克·特纳（Mark Turner）

几年前，当地一家水族馆问我该怎样利用故事说服受众，让他们成为地球的卫士，能更好地保护地球。

我说："好，你们的行动目标是什么？你们希望游客离开水族馆后做些什么？"

水族馆科普部门的负责人留着大胡子。他探过身，真诚地与我对视说："我们的目标是让游客回家后深入思考问题。"这一句话就让我知道他们已深陷误区。

深入思考？具体思考什么？为什么思考？目的又是什么？这听起来和工作一样，还没有报酬，游客需要为此投入精力、注意力、做出承诺、投入激情……

正因如此，故事才不需要我们思考。思考是做选择的过程，每分钟都有那么多重要的事情抢夺人们的注意力，谁有时间啊？另外，地球卫士到底要做些什么？

从目标出发，有效的故事是为了改变受众的观点，促使他们立刻行动。因此，所有的故事都是"行动的号召"，一旦看待事物的方式发生改变，我们的行为也会相应地改变。不论故事有多么完美、多么正确，你创作故事的目标都不应该是向受众展示你的观点、品牌或事业有多棒。我相信整修后的拉瓜迪亚机场现在应该很漂亮了，但我在那辆慢腾腾的摆渡车上时，未来机场会变成什么样根本不重要，我关注的只是整修浪费了我的时间，以及如何才能挽救错过的会议。

你需要做的是从受众的角度出发，考虑他们是谁，如何看待自己。目标是用故事让受众认识到你的观点在此时此刻能为他们自己带来哪些好处。要达到这一目标，我们必须推翻对故事的陈旧认识，重新给出定义。

为此，本节将详细介绍故事究竟是什么，剖析故事的哪些成分会对受众产生生理上的吸引，受众又会对什么样的内容产生响应，这样你才能构建出能与受众产生共鸣的故事。我们将瞄准故事中最出人意料、最反常理的要素，然后通过可靠的案例分析，研究故事如何以及为何改变了受众的世界观，从而改变其行为。本章的末尾将附上一份"速查清单"，一步一步地告诉你如何开始着手准备你的故事创作。按照该步骤，等读完本书时，故事的草稿也就写好了，多加打磨就可以用于说服受众，让他们以崭新的方式看待世界，用行动响应你的号召。

让我们来解决一件可能拖你后腿的问题,在你的固有观念中,故事究竟是什么?

故事再定义

随堂考试,请现在做答:如果你必须给故事下一个定义,你会怎么说?这个问题乍一看好像十分简单,但真正要用语言来描述就会发现实则不易。如同圣奥古斯丁(Saint. Augustine)谈到时间时说的那样:"本来很熟悉,但有人要你下定义的时候,就陌生了。"

我们见到故事就能本能地识别出来,这是因为故事会引起生理上的反应。故事能够立刻吸引我们的注意,使我们身临其境,还没反应过来,就被引入故事的世界。故事此时早已绑架了我们的大脑,我们感到的是故事的美妙和紧凑,完全没意识到此刻故事已经控制了我们。这可能就是为什么不论你多聪明,也很难定义故事究竟是什么,以及解释是什么原因让人沉溺其中。

亚里士多德曾给故事下过错误的定义,他认为在创作故事时,事件本身处于第一位。他将故事分解为开端、发展和结局。这一概念备受尊崇,老师甚至从幼儿园开始就介绍这一框架。但想想看,除了"芝诺悖论"和感恩节乔叔叔给全家讲的"流水账",哪个故事没有开端、发展和结局呢?这一理论怎么能帮助你创作故事呢?

字典上对"故事"一词的定义同样无意义,甚至会引起误解:

"故事是展开的戏剧性事件,是为了娱乐而进行的叙事,事件和人物可以是虚构的,也可以是真实的"。此概念存在三个问题:首先,定义模糊;其次,将故事定位成纯粹的娱乐;最后,该概念强调了"展开的戏剧性事件",这是外在事件,反而不是故事的核心内容。

可悲的是,我们大多数人从小就学到要这样看待故事:关注故事的外在事件,也就是亚里士多德和写作界所说的"情节"。

这听起来确实很像真理,怪不得连亚里士多德都被愚弄了。毕竟,情节是可见的。我们沉溺于故事之中时,理所当然地会认为情节就是故事吸引我们的原因。因此,无论是策划广告、撰写宣言,还是推荐信,我们都会对故事情节倍加关注,但是事实并非如此。

几十年来,我一直与作家共事,深入探讨故事成功的原因。最让我感到意外的是,不管外在事件具有多么明显的戏剧性,最吸引我们、最受关注的并不在此。就算故事中有地震、海啸或小行星毁灭阿克伦市中心,也可能让你感到枯燥无聊,以至于开始质疑是不是自己出了什么问题。这是因为只有当事件涉及我们关注的人并产生了内部效应时,才会引起我们的关注。否则,不论事件本身多么戏剧性,对我们来说都只是无关紧要的信息。

故事工具

故事的目的并不是描述外界发生了什么,而是窥探主人公内心的动态。

这就是关键所在,故事的目的并不是描述外界发生了什么,这听起来似乎与常理相悖。然而,故事真正的内容其实是主人公的心理活动,毕竟受众是通过主人公的视角经历情节的。

这一点真正颠覆了我的认知,这意味着我们过去本末倒置了。话说至此,故事究竟是什么?

故事的核心是当发生不可避免的外在矛盾时,主人公从内心求变,以解决矛盾的过程。

故事不是某人解决问题的过程,而是外在矛盾如何倒逼内心的领悟,让人从心底意识到是什么阻碍了矛盾的解决。真正引人入胜的是这种内心的挣扎,而不是空中究竟投了多少枚导弹。

主人公内心挣扎后的觉醒,恰好能解答受众潜意识里持续关注的问题——"对我来说,这件事意义何在"。

内涵至关重要

这里并不是说情节没有意义,情节十分重要,但与人们的常识相悖的是,外在事件并不是受众所关注的焦点。脑成像研究表明,人们在接触故事时,关注点另有所在,头条新闻、图片、捐赠信、广告,抑或是小说都无一例外。麦克马斯特大学神经艺术实验室的负责人、神经学家史蒂文·布朗(Steven Brown)表示:"据我们研究表明,人们在接触故事时,多以人物和心理为中心,故事主人公的内心状态尤其受到关注。"

我们现在谈论的故事并不是指狭义的长篇小说，史蒂文·布朗的研究对象并不是小说读者或边看电影边吃爆米花的观众。他让研究对象阅读简短的事实性新闻标题，如"外科医生在病人体内发现剪刀"或"渔夫在冰冷的湖水中营救落水男孩"，然后监测读者在做阅读理解时，大脑的哪些区域会被激活。换句话说，大脑自然地将标题"转写"成叙述时，脑部究竟进行了些什么活动？结果表明，在研究对象阅读标题的瞬间，大脑就激活了在心智化神经网络的组成部分中，负责推测他人和自我想法、欲望和情绪的区域。

根据布朗的说法，当我们被故事吸引时，会立即对主人公的想法做出推测，以确定其行为意图和动机。主人公的行为不是重点，我们注意力真正的焦点是寻找主人公产生该行为的动因。

卡内基梅隆大学认知学脑成像中心主任马赛尔·贾斯特（Marcel Just）对此表示赞同。他指出："脑成像的最大贡献之一，就是揭示了人类大脑高度的社会性和情感性。对我来说，此结果是一个巨大的惊喜。大脑活动表明，哪怕是阅读再普通不过的故事，人们也会不断寻找人物的意图和动机。我认为，人们始终更倾向于处理社会和情感信息。脑成像捕获到了这一点，人皆如此。"

跳出实验室，在现实生活中人们也是这样，包括我们的受众，也就是我们想改变其想法的对象。因为只有掌握对方的动机，我们才能预测其下一步的行动。更重要的是，我们还可以弄清楚究竟是什么原因阻止了受众响应我们的行动号召。

每个人都自带故事

人们很容易想当然地认为自己的品牌、想法或事业只要与受众的生活相关就够了。气候变化可能会让人们被海水淹没；新款牙膏真的会让牙齿白到发光；外卖员面带微笑，热情服务，将热气腾腾的菜品送达，这样的服务谁不想要呢？如果单凭这些无可非议的事实就够了，那就没必要讲故事了。直接罗列事实，然后对方顿然醒悟，接受你的观点。我们都知道这个想法多么天真，因此，你的号召如果仅仅是对受众的生活有意义，那是不够的，还必须与受众自身的故事密切相关。故事和生活可不是一回事，有些事情可能与我们的生活完全切合，但我们仍拒绝接受。假设我刚读了一篇文章，介绍面包虫既有营养又美味，还能保护地球，降低碳足迹，难道我会立马跑出门，买一罐面包虫炖汤吗？没错，这不可能。

故事工具

单凭号召对受众的生活有意义是不够的，还必须与受众自身的故事密切相关。

我想表达的是，每个人都有自己赖以生存的故事，但大部分人都意识不到这一点。和华莱士故事中的小鱼不知道什么是水一样，如果强迫人们讲出自己的故事，大家往往会认为就是讲出所有的经历：我们自哪出生，父母是谁，在哪上学，上学时候是谁欺负我们、抢我们的零食，还有那只脏兮兮的小狗总是跟我们回家，最后妈妈终于同意收养它……但这些只是事实，不是故事。

我们的故事所讲述的也是这些事件，但是并不止步于此。我们之前也提到过，正是这些经历教会我们如何生存，特别是如何在社会中生存。因此也自动收录进我们的"解码环"，而这才是我们自己的故事。每一天、每一分、每一秒，这些自我叙述都在根据收集到的信息，巧妙地指导做出的每一个决定，将相应的信息应用到正在发生的事情中，为下一步应该做什么提出建议。

但我们并没有把这种持续性的自我叙述看作故事。这还不是问题的关键，真正的问题是，自然选择告诉我们应该直接将由逻辑和规律拼接成的产物定义成"生活"。在我们看来，我们对事件的反应是理所应当的，换谁都会如此，只要对方有头脑。

因此，当我们谈论某件事时，会默认别人与我们的解读是相同的。打节奏的人坚信受众能立刻听辨出曲名，毕竟，旋律就在受众的脑海里大声播放，他们怎么可能听不出来呢？同理，当你的同事翻着白眼说，他不敢相信会计部的玛蒂尔达今天又穿了那件丑陋的红色毛衣时，他永远想不到，你会觉得那件毛衣是你见过的最漂亮的衣服。

他也想不到，他刚刚向你透露了关于自己的信息。他确实是透露了，或许他讨厌玛蒂尔达？或许他过分关注职场女性的衣着？难道他自己喜欢穿女性服装，只不过不是这件丑陋的红色毛衣？

无论谈论什么话题，即使我们自认为守口如瓶，都会无意间透露出有关自己的故事，简单陈述客观事实是不可能的。相反，我们总是会或多或少地让别人洞察到我们所看重的事情，以及背后的原因。

我们还暴露了另外一些信息——我们的错误观念。我们坚决认为这些观念是真相，但事实并非如此。

错误观念就像真理一样

错误观念是人们早期获取的认知，通常可追溯到童年，此后一直用于认识这个世界。这些错误观念可能在某一特定情况下曾正确指导过我们的行为，但却被误以为是普适的真理，更有甚者，从来就没有对过。但是，由于错误观念是我们摸爬滚打，通过亲身经历获得的，所以我们没有理由质疑。因此，我们认为这不是错误观念，而是只有一小部分人才能掌握的真理，从而沾沾自喜自己早已领会。

每个人都有属于自己的错误观念，比如流露感情使人软弱、迎合他人就会获得认可等。发现别人的错误观念往往很容易，但是发现自己的错误观念就很困难了。问题在于，正是因为他人的错误观念如此显而易见，我们自然而然地会假设他人也意识到了自己的错误。我们会判定其实对方知道真相，只不过故意选择性地忽略。就算不这样认为，那对方至少不知情或被误导了，所以只要向他们揭露真相，定能让其幡然醒悟。如果没有醒悟，那就说明他们是故意无视真相。

读到这里，我相信大家应该都明白了，在他人眼中，我们的观念才是错误的。要注意错误观念十分顽固，即使面对无可辩驳的事实，也会引发强烈的抵触情绪。

如何应对这种危险是故事的基本内容。故事讲述的是主人公面临不可避免的危险时是如何战胜错误观念的，这种内心转变在写作界称为"角色弧"。一开始，主人公的行动完全受错误观念左右；接着故事会描述持续不断的内心斗争，直到主人公迎来觉醒时刻；最终，认识到自己的错误观念，明白正是这个错误观念阻碍了自己获取真正想要的事物。在你将要创作的故事中，需要把这种内心斗争聚焦在受众的错误观念上。你可能已经猜到了，主人公就是受众的替身。主人公应该用受众的信念体系解决受众现有的问题，而且要处处碰壁。

接下来，我们将探讨如何构建这样的故事，如何利用之前介绍的大脑回路改变受众的看法，并且让其行动起来。

要实现该目标，故事的重点不应是你希望受众采取的行为，而是如何改变受众眼中该行为的意义。换句话说，要改变受众对该行为的感受。正如我们之前所说，情绪是润滑油，也是生命线。

那么问题是，内心转变是什么样子的？如何在不得罪受众的前提下，让他们意识到自己的错误观念？

为了准确地说明这一点，我们一起来解读一个案例，逐步剖析一例精彩的故事。这个案例是个极为成功的广告，虽然产品专为女性使用，但广告却博得了广大男性和女性的关注，并颠覆了受众的世界观，尽管这个产品男性无法使用。广告播放短短3个月，就已在全球获得 7,600 万次的浏览（原目标为 1,000 万），成为该公司历年制作的视频广告中观看次数最多的一个。最令人惊讶的是，该广告的 60 秒删减版荣获"2015 年美国橄榄球超级碗最受欢迎的数字视频广告"的称号。

为什么令人惊讶？因为这个品牌是 Always，一家生产"双翼超长护垫"的公司，可能你更熟悉的名称是"护舒宝卫生巾"。

故事是不是开始有意思了？

让我们来分析一下广告是如何抓住用户的心，并改变大众观念的。我们分析的过程与本书后续章节相同，到时候你可以用同样的框架来构建自己的故事。

案例分析：护舒宝

2013 年，护舒宝发觉品牌需要打入新时代女性市场。

如今，人们的态度已经发生改变，"月经羞耻"不复存在，不再是需要隐瞒的尴尬。过去，"月经"一词上不了台面，当时评价卫生巾优劣的标准只有一个——产品的功效，"月经"一词出现的频率越少越好。"自信"是护舒宝的广告词，意在宣传该产品能帮你守住月经的秘密，给你带来自信。也就是说，女孩不必担心因出现"意外"而陷入窘迫。

现如今，所有的卫生巾均效果甚佳。况且，也没有人指责护舒宝产品不好用，所以这并不是问题根源的所在。

问题在于，如果护舒宝只是宣传产品的功效，那它在社交媒体上就不会有任何存在感。虽然人们对月经的态度已大大改善，但想要消除"尴尬感"还是很难的。公司负责人感叹："没有人会转发任何带有护舒宝标签的东西。"

因此，护舒宝请来了李奥贝纳广告公司（Leo Burnett）为品牌推出一套新的广告。该公司总结了先前的广告策略："我们过去一向宣传产品的功能性，承诺会为女性解决生理问题，让她们在经期更加自信，客户对产品的信赖就会让她产生自信。然而，现在的女性不吃这一套逻辑了……如果我们想继续在业内立身，就必须从理性宣传转向感性宣传。"

他们必须找到方法，赢得受众的关注。

广告公司知道产品宣传的关键不在于产品有多优秀，而是让女孩们知道，护舒宝是自己的知己，坚定地和她们站在同一立场，护舒宝能真正认识女孩最真实的一面。宣传最好还要让女孩们知道，护舒宝深知她们身上的闪光点，而其他人，甚至包括女孩自己可能都不知道。

好的，那究竟是什么闪光点呢？

研究表明，青春期，即女孩突然需要卫生巾的那一刻，就是自信心骤降的时候。但这只是信息，本质上只是事实和数据。问题的关键在于，为什么自信心会骤降？

广告团队对此进行了更深入的挖掘，发现超过一半的女孩在青春期阶段丧失自信的原因之一是社会上的性别歧视。

好吧，这还是有点太笼统了，而故事成功与否在于细节。所以下一个问题是，性别歧视具体表现在哪些方面？这个问题成了广告成功的关键。该机构在采访16—24岁的未成年及成年女性时，只有19%的受访者认为"像女孩一样"这个表述是褒义的。

李奥贝纳广告公司多伦多办事处的执行创意总监朱迪·约翰（Judy John）这样描述他们发现这条广告使命的瞬间："我们想破解那些导致女孩自信心下降的谜题。就在那个时刻，团队中有人说，让我们改变'像女孩一样'这个定义吧，房间中的所有人都产生了共鸣。"

这里要指出，朱迪·约翰说人们"产生了共鸣"。当然，他们有大量的数据、事实、图表和深入的研究，这无疑是很大助力。但最终，他们不需要理性判断，不需要电子表格或数学算法来做支持。虽然他们参考了数据，但最后的决定是由团队的情绪做出的，情绪也成了该广告成功的原因。

广告组表示，批评人"像女孩一样"地跑步、掷球、出拳，或者做其他事情，事实上是一种无意识的冒犯，暗示女孩就像花瓶一样，华而不实。这句话暗指女孩没有男孩强壮、有能力，她们只关心自己是否漂亮。

广告组知道更深层次的原因是这种想法在当今社会普遍存在，年轻女性也很快将其内化于心。十几岁的时候，这种想法在女孩们的心里就已经成为自证预言。要不了多久，错误观念就变成了事实。

现在可以很清楚地看出护舒宝希望受众发生怎样的转变了。他们希望女孩们明白，虽然她们之前将"像女孩一样"这种表述中的负面内涵当成理所当然，但是这种刻板印象完全是胡说八道。护舒宝认为女孩们应该将其抛之脑后，重新定义"像女孩一样"，恢复它理应具有的褒义色彩。

于是，"像女孩一样"的宣传诞生了。现在问题的关键是，他们怎样才能讲出一个能够刺激受众发生这种思维转变的故事呢？

第一步：错误观念

护舒宝需要确定问题是什么，也就是思维转变之前的故事，这标志着主人公的角色弧线即将开始。为了达到这一目的，广告组决定，观众必须目睹十几岁的女孩是如何将社会赋予的"像女孩一样"的负面看法内化于心的。

社会向年轻女性灌输一个观念：因为她们是女孩，就应该"像女孩一样"跑步，其中暗示着这一点，"无论怎么努力，她们都跑不好"。

故事的第一个任务并不是指出这种错误观念错在哪里，而是暴露其对人们的影响。同时，非常重要的一点是，不能羞辱那些存在错误观念的女孩。

你要是感兴趣的话，可以先在网上搜一下这条广告。如果你怀疑广告里的人在念剧本，我可以告诉你，大可不必担心，参与者根本不认为自己在拍摄广告。视频中的年轻女性、男性、男孩和女孩只是接了一个通知他们公开海选的电话，他们不知道制片人的目的是什么，更不知道导演想要什么样的角色。所以导演问他们问题时，他们并没有试图猜测什么是"正确"的表现，而是表达了自己认同的观点。

视频开始，我们看到一个大型录影棚：专业摄像机、音响师，还有大师级导演劳伦·格林菲尔德（Lauren Greenfield）均在现场。一位十五六岁的女孩走向标记点，在那儿站着，看着镜头。格林菲尔德让她展示"像女孩一样"跑步的样子。她咧嘴笑，扭扭捏捏地原地蹦跳了几下。下一位面试的女孩一边跑，一边用一只手按住头发，好像保持发型比跑步更重要。还有个女孩挥了挥手，好像是说女孩根本就不该跑步，而她在为做出的这个动作而道歉。这些动作都夸大了她们无助、笨拙和扭捏的神情。女孩们或面露傻笑，或笑出声来，仿佛在开玩笑。显然，她们自以为很聪明，因为这种举动证明她们明白导演的考点——女孩就是傻傻的。

然后劳伦·格林菲尔德把一位年轻的男性带到舞台上，让他"像女孩一样"打拳。起初他看着摄像机，好像在问："什么？女孩怎么会打拳？我是不是听错了？"然后他把手举到面前，敷衍地拍了拍，仿佛在模仿某人轻轻挥手驱赶苍蝇，他自己也咯咯笑了起来。接着，劳伦·格林菲尔德让一个小男孩"像女孩一样"投球。他狡黠地笑着，模仿女孩将手臂向后伸得很远，然后，轻轻一甩手腕，假装手里拿的球不小心滚到了地上，他表演出羞涩失望的表情。

这些镜头所表达的观点是，"像女孩一样"跑步、打拳和投球就是要表现得愚蠢可笑。

每个人都领会了其中的意思，也都接受了这一事实。因为根据他们的表演，世界就是这样的。在他们看来，自己并没有任何恶意，也没有侮辱女性，只是演示了一件事实而已。

这是需要颠覆的错误观念。但是应该怎么颠覆呢？

第二步：事实

面对这种情况，劳伦·格林菲尔德本可以召集所有人，让他们坐下来，给他们展示PPT、各种各样的图片、专业的图表以及复杂的科学数据，然后教育他们这样贬低"像女孩一样"的内涵是不对的，但是格林菲尔德并没有这样做，因为这样做只会激起他们的抵抗心理。他们可能会说她太夸张、太天真，可能还会说她太执着于政治正确，孩子们有很多方式来反驳她。当我们坚信的观念受到挑战时，就会自动使用这些话来反击。因为在我们看来，对方针对的并不是观点本身，而是在质疑我们的智商。这种对峙的局面是不会有好结果的。

劳伦·格林菲尔德没有这么做，相反，她找了一个年仅10岁的小女孩，她还没有领悟到这种内化于文化的性别差异。劳伦·格林菲尔德要求她展示"像女孩一样"跑步是什么样子时，小女孩拼尽全力，原地快跑，好像在参加一场势必要夺得第一的比赛。当问及一个年龄更小的女孩怎样"像女孩一样"跑步时，她眨了眨眼睛说："这意味着我能跑多快就跑多快。"

广告公司成员安娜·科西亚（Anna Coscia）全面地总结了这一差异，她说："年纪稍小的女孩们拼尽全力地奔跑、打拳和投球，她们坚定极了，流露出女孩的骄傲和自信。显然她们还没有被禁锢女性的规则所影响，全心全意做最好的自己。对她们来说，'像女孩一样'意味着拼尽全力做到最好。"

在看完这群小女孩的反应后，之前无意间贬低女性的女孩和男孩都清楚地意识到，"像女孩一样"跑步、打拳或投球，与动作本身的好坏不存在任何联系，只意味着你是个女孩，你在跑步。

错误观念受到了挑战，人们由此顿悟。没有谁去给高龄组的孩子讲道理，他们自己就能通过对比做出判断。

接下来的问题是，如果"像女孩一样"不是对女孩奔跑、投球和打拳动作的客观描述，那么它描述的是什么？

第三步：觉醒

故事到了这里，受众经历了先前的片段，内心的逻辑已经开始改变。他们发现曾经视为真理的观点其实是错误的，那正确的观点是什么？

劳伦·格林菲尔德转向那个"像女孩一样"投掷的小男孩，她问道："那么，你认为刚才你的动作侮辱了你妹妹吗？"

他看上去很震惊，好像从来没有想过这样的问题。"没有，"他说，然后迟疑了一下，"我是说，我的确侮辱了女孩，但没有侮辱我妹妹。"你可以从他的眼神里看到，他此刻幡然醒悟。妹妹是个女孩，如果侮辱了女孩，不就是……

故事的巧妙之处就在于，劳伦·格林菲尔德在提出这个问题时并没有诋毁男孩，而是在否定这个观念。这样一来，男孩有足够的余地审视自己的行为，而且并没有感到对方在冒犯自己。男孩由此领悟了真相——自己的观念是错误的。他所产生的羞愧感完全是因为他醒悟过来了，而不是由劳伦·格林菲尔德导致的。

接下来，劳伦·格林菲尔德转向一位低龄组的女孩，问道："'像女孩一样'是件好事吗？"

她说："我不知道，听起来像是件坏事，好像你想要羞辱别人。"

然后，劳伦·格林菲尔德转向第一个出镜的女孩，也就是扭扭捏捏蹦跳的那位，问她当听到别人用"像女孩一样"来诋毁他人时，她觉得女孩心理会受到怎样的影响。

她说："肯定会打击她们的自信心。你觉得自己很坚强，但如果有人说'像女孩一样'，就好像在告诉女孩，你们很软弱，不如男孩子。"

现在每个人都在反思自己的观念，这并不是因为有人给他们讲道理，而是他们从亲身体验中领悟。

劳伦·格林菲尔德接着问了另一个高龄组的女孩："如果有人对女孩说她游泳、跑步、踢腿、打拳或投球的姿势'像女孩一样'，你会给那位女孩什么建议？"

"不要受影响，"她说，"这说明你做得很好，没有错误，随便他们怎么说。"

高龄组的孩子在摄影棚里目睹了自己的错误观念给别人带来的伤害，女孩的内心发生了变化，男孩也不例外。"像女孩一样"做任何事不是说做得不好，而是意味着全身心地投入，充满激情，意味着做最完整、最真实的自己。

第四步：转变

受众现在已经醒悟了，他们的世界观发生了转变，从而引发自己外在的改变，这就是最后一步。此时，他们能够清楚地听到你响亮的行动号召。这并不是因为你给他们灌输了什么大道理，而是因为他们意识到，这是唯一合乎理性与感性的决定。你所提供的信息现在已经融为受众自我叙述的一部分，听从号召、采取行动并不是你的要求，是他们自己做出的决定。

护舒宝视频广告在这一点上做得近乎完美。在广告的最后，劳伦·格林菲尔德转向少女。这位少女以默剧的形式自嘲，演出了她对"像女孩一样"跑步的刻板印象。劳伦·格林菲尔德问："如果我要求你现在'像女孩一样'跑步，你会做出不一样的反应吗？"

女孩对着镜头微笑，坚定地点了点头，说："是的！我会按我自己的方式跑步！"然后她开始了，步伐迅速，注意力集中，意志坚定。

科西亚说她们的目标是带着观众一同经历一段情感旅程。观看的时候，你会因滑稽而发笑，反思后感到惊讶，幡然醒悟而后感到愤怒，逐步意识到语言对女孩的自我认知影响之大。最后，当看到高龄组女孩意识到自己早已戴上文化给她们套上的镣铐，于是摆脱羁绊，重新开始展现自我时，又有谁不会潸然落泪呢？

护舒宝在 2015 年超级碗的插播广告中投放了该广告的 60 秒删减版。请注意：他们在超级碗的电视转播中播放了一条女性护理产品广告，而超级碗的广告通常是啤酒、汽车和那些油腻不堪的快餐。这些都是传统的"男性产品"，而且广告中常常出现衣着暴露、身材苗条的女性。无怪乎之前没有任何一家公司敢在超级碗转播中投放这种为女性赋能的广告了，更别提还是一个售卖卫生巾和安心裤的广告，有谁会看呢？

但是事实证明人人都会观看。奥多比公司（Adobe）每年都会监测超级碗所播广告产生的社会影响，并列出影响力前 10 名的广告。奥多比公司发现，护舒宝"像女孩一样"的广告排名第一，在社交媒体上的相关话题讨论超过 40 万条。还记得护舒宝的初衷是，让消费者与品牌建立情感纽带吗？奥多比公司在报告中写道："该则广告在话题讨论中反馈出强烈的正面情绪，84% 的网友发帖主要是为了表达赞赏和喜悦等情感。"

2015 年 3 月 9 日，护舒宝因对全球女性赋能产生了积极的影响，而荣获联合国奖项。

这是再成功不过的案例了。

"像女孩一样"的宣传，帮助女孩摆脱社会对她们不切实际的负面预期，让她们可以自由地追求自我。同样这也是我们每个人最深切的期盼——做真正的自己，也让我们在乎的人爱上真正的自己。

过去的广告正好与之相反，强调的不是女孩本身，而是产品多么有效，让别人看不出你的尴尬。这会让女孩觉得自己低人一等，仿佛天生就有什么可耻的东西要隐藏起来。

此次宣传让年轻女性感觉护舒宝注意到了自己，重视自己，了解真正的自己，因此效果完全不同。

于是她们采取了行动。如今，女孩和女性纷纷主动通过"像女孩一样"的标签，分享她们的想法和成功的经历，同时转发了"护舒宝"的商标，最终该品牌的推特（Twitter）粉丝量增加了3倍，YouTube频道的订阅率提升了4,339%，简直令人难以置信。

这就是故事的力量。

当然，要创造具有变革性的故事就必须先挖掘受众的自我叙述和故事，定位其错误观念，这正是我们后面要解决的问题。

归纳要点

从此刻开始，我们将把所有有关大脑和故事的知识应用到故事创作中。为此，这里为大家提供了一份"小抄"，从故事究竟

是什么开始:

故事是内在醒悟引发外在转变的叙事。一开始,主人公存在一种内在的观念,但是这种观念是错误的,称为"错误观念"。错误观念阻碍受众听从你的行动号召。故事中的事件(即主人公无法回避的问题)将迫使他们面对并克服自己的错误观念,进而解决问题。

要想创造一个能够改变某人观点的故事,故事的主人公必须经历四个阶段来改变世界观,最终听从并采取你的行动号召。

第一阶段:错误观念

这是受众所持有的、错误的观念。如果简单粗暴地和对方理论,指出错误,就相当于挑战他们的自我认同和对自己"部落"的忠诚。正是这种观念的存在让他们根本听不进你的行动号召。

第二阶段:事实

这是你想表达的观点。故事中的事件是为了告诉受众,他们认为有帮助的观念不仅没有效果,而且会反受其害,让自己无法得到想要的东西,无法成为真正的自我。

第三阶段:醒悟

故事中的事件会让受众自发地质疑错误观念。经过这番经历他们才会辨清自己的观念是错误的。

第四阶段：转变

此时此刻，受众已经意识到错误观念阻碍了目标的实现，因而主人公（即受众的替身）的世界观发生了转变。此后，受众才能够接受号召，采取行动，从而解决外部问题，比如阻止气候变化、防止破坏性的社会常态，或是优化晦涩的网站。

第二部分

你的受众,他们的故事,你的观点

5. 你眼里的受众

> 没有事实，只有阐释。
> ——德国哲学家 弗里德里希·威廉·尼采
> （Friedrich Wilhelm Nietzsche）

当我的孩子还小的时候，我们喜欢一起看《鼠来宝》。你肯定有过这样的体验，看喜欢的书或者电影时，总有一句话能戳中你的笑点，之后你会反复提及，每次提起都会扬起眉毛，嘴角微微上扬，这句话就变成了你们家的一个梗。我们家的那个梗来自《鼠来宝》里的一句话。影片中有3只花栗鼠，分别是阿尔文、西蒙和西奥多，有位人类代理爸爸叫戴夫。戴夫出差时给家里打电话，电话由呆呆的保姆米勒小姐接起，戴夫问道："阿尔文在吗？"

对此，她感到很困惑，于是问道："你找它干吗？"要知道阿尔文此时就站在她旁边。

看到这里我们总是会放声大笑，因为戴夫的意思再清楚不过了——"可以让阿尔文接电话吗",米勒小姐怎么这都不懂?但现在我感到有点内疚,随随便便就嘲笑米勒小姐傻乎乎的。回想起来,她的回复是有道理的。我猜她当时想的是:"如果戴夫想和阿尔文通话,完全可以直说。但他的原话是'阿尔文在吗',所以肯定不是单纯想跟它打电话,于是他问得很谨慎。"实际上,米勒小姐的回答是完全合乎逻辑的。

很多时候我们认为我们希望别人去做什么(即行动号召)已经很清楚地表达出来了,但在对方看来并非如此,戴夫和米勒小姐就是这样。我们和他人的"解码环"是不一样的,所以我们并不知道他人是如何解读信息的,虽然在我们看来其中的含义再清楚不过了。换句话说,我们自以为很了解我们的受众,但事实并非如此。

甚至有些时候,我们连自己想让别人做什么都不清楚。这听起来可能难以置信,你怎么可能不知道想要受众做什么呢?这不就是你创作故事的初衷吗?但是故事和许多事物一样,很有可能使我们一叶障目,不见泰山。

现在我们将精确找出你的目标受众是谁,探讨哪些人无法成为你的受众,你希望受众做些什么,以及你认为这样做对他们有什么益处,这样才能开始定位真正需要你故事的受众是哪些人。切记,这仍只是你所认为的受众,是你基于外在"真相"做出的分析。后面,我们将进一步探讨,尝试从受众的角度分析他们是如何看待自己和如何理解自己的世界的。

我们将把迄今为止所学的一切运用到实践中,你应该也知道这意味着什么。本书的初衷是帮助你初步完成故事的创作,号召你的受众行动起来。接下来的每一节都会有练习，一步一步指引你完成创作。每章末尾都有"做一做"模块，等读完这本书，你就已经有充分的经验，能成功创作属于自己的、有效的故事了。

谁不是你的受众

在确定我们的受众时，我们经常会犯两大错误，很大程度上导致没人能明白我们真正想要表达的意思。所以，我们要先搞清楚一点——谁不是你的受众。

你的受众不是：

- 你自己；
- 所有人。

我们经常产生这样一个误解，对自己很重要的观点对受众同样重要。这个想法大错特错，而且会蒙蔽我们的双眼，使我们无法看清一个简单的事实：当我们试图说服他人的时候，我们只是局外人，别人不会在乎我们为什么觉得拉到他们的选票至关重要，即使我们的APP能帮助他们在10秒内进入冥想状态，既省时又养神，人们也不觉得有必要下载，他们甚至觉得洗不洗自己的脏衣服也不重要。他们只关心一件事，我们的观点和号召是否契合他们现有的信念体系、自我叙述和自己所处社交圈的世界观，以及如何解决他们的实际问题。这并不意味着他们自私或自负，如果我们没有意识到这一点，那也不意味着我们自私或自负。这一事实可以简单用一句话概括：没有人能看到世界原本的样子，每个人只能站在自己的视角看待事物。如果你无法认清这一点，这就会成为你最大的绊脚石。如果你能利用这一点，它反而会成为你最有价值的资产。

故事工具

没有人能看见世界原本的样子，我们只能站在自己的视角看待事物。

即使我们已经认识到了"知识诅咒"，我们依旧容易想当然地认为受众和我们对事物有着相同的认知和目的。

神经学家塔利·沙罗特（Tali Sharot）提醒我们："当我们试图去影响别人时，我们首先是从自己的角度思考，考虑能说服自己的理由、自己的心境、欲望和目标。"所有人都明白，如果我们想影响他人的行为和信念，就需要先了解对方在想什么，顺应对方的思考模式。

因此，要创造有说服力的故事，让他人用我们的方式来看待世界，就必须弄清我们的专长能够解决对方的哪些需求。有时，他们的需求显而易见。

在我的职业生涯早期就有过这样一段经历，说出你可能都不信，是有关撰写汽车维修手册的经历。我在约翰缪尔出版社工作多年，出版社的老板约翰·缪尔（John Muir）是一位著名自然学家的曾侄孙。1969年约翰·缪尔自己出资，出版了一本书，让出版社一举成名，书名是《如何让您的大众汽车保持活力：新手小白教程》（*How to Keep Your Volkswagen Alive：A Manual of Step-by-Step Procedures for the Compleat Idiot*）。缪尔彻底改变了使用说明书的写作风格，因为他有一个大胆的想法——忘记自己是专业的工程师，从完全不懂机械的车主的视角看待大众汽车的维修。虽然缪尔在我入职前就去世了，但出版社仍在沿用他的做法。

缪尔是这样写作的，首先他会找一辆需要维修的汽车，再找一个完全不懂车的新手，给对方朗读自己写的修理指南，然后坐在后面静静观察，一句话也不说。

举个例子，哪怕手册里写得很清楚要用翼型螺母，不懂车的新手还伸手去拿凸耳螺母，而约翰·缪尔连眉头也不会皱一下。事后他会再重新调整措辞，直到每个新手只需要这本手册和一套二手工具就能自己更换火花塞、调整发动机和重组离合器为止。

这是一个绝妙的方法，使他不受个人"解码环"的影响，从一个从未涉足过该领域的人的角度观察维修工作。身为专业维修师的约翰·缪尔因而能够判断出大众对哪些"最基本的常识"一无所知，并由此进一步完善手册，确保连不懂车的普通人也读得懂。最终约翰·缪尔的书卖了200多万册。

你可能明白了，你的受众不是自己，你要拓宽受众范围。既然如此，为什么不把目标定高一些？为什么你的受众不能是所有人呢？

世界上没有"所有人"

试图说服所有人其实相当于谁也没说服,二者效果差不多。因为"所有人"这个概念是不存在的,没有这样的群体,只有独立的个体,以及基于共同的兴趣和志向聚集在一起,形成的以生存为目标的团体。这里的生存可以是物质意义上的,也可以是社交意义上的,抑或两者兼具。

如果你试图说服所有人,那么在这个过程中,你就会把所有的注意力放在不要冒犯他人身上,而不是如何使你的故事更引人入胜。这时,你所有的创造力都浪费了,因为"所有人"下面各个小团体都会有自己独特的错误信念,使他们拒绝你的行动号召,这是无法用某个普适的真理来化解的。而且你也弄不清楚到底是哪个误念让所有人都拒绝响应你的号召,自然你也无法使他们觉醒并做出转变。因为你的故事无法激发他们的情感,只是一碗平淡的心灵鸡汤。你不得不承认,这种故事无聊透顶,你肯定不想写出这样的故事。

你可能会想,我的目的是阻止气候变化,其背后的逻辑难道不是越多人行动起来越好吗?毕竟气候变化影响的就是我们所有人,包括子孙后代,大家都应当立刻行动起来,来减缓气候变化的速度。那么为什么受众不能是所有人呢?答案很简单,虽然我们天生就需要他人,但并非需要每一个人。我们本能上需要的是我们"部落"

里的族人，毕竟"部落"是确保我们社会安全的基础，我们的自我认同也依托于"部落"。随着我们的成长，我们可能会脱离过去的"部落"，加入新的"部落"，相应地改变我们的"解码环"，但无论如何，"部落"永远都不会涵盖"所有人"。即使你试图说服"所有人"，你也需要针对不同"部落"设计不同的故事。每个"部落"的信念体系不同，对你行动号召的理解也不同。

2013年，宾夕法尼亚大学沃顿商学院的德纳·格罗梅特（Dena Gromet）组织了一项研究，结果表明："虽然美国保守党人士会为了节约电费而购买节能灯泡，但如果只在灯泡包装上贴'绿色环保'的标签，这些人可能就不会购买。"因此，即使你卖节能灯泡的目的是减少碳足迹，也不能从此视角说服保守派，让他们认识到节能的重要性。你应该做的是深入剖析他们的故事，并结合你的目标，找出他们最关心的事情。

在这个案例中，他们想要的是省钱，因为对他们来说，节俭是他们信念体系的关键，"节省成本"就是你能给予他们最实际的好处。以这样的策略推广，他们根本不需要知道自己购买的绿色灯泡也会减少碳足迹。任务就这样完成了。

德纳·格罗梅特在《国家地理》的一篇文章中写道："问题的关键在于，如果只用节能环保的标签，你可能会损失大量的潜在顾客。这说明跟什么样的人就必须说什么样的话。"

考虑到真正在乎环境的人大部分已经用上了"节能灯泡"，开始转变策略，打着"省钱灯泡"旗号的营销不仅有助于环境保护，而且会吸引全新的顾客群。现在我们知道了哪些人根本不可能是你的受众了，还有一类人很可能也需要排除在外。但是这次，需要你忍痛割爱了。

谢谢，但是不用了

就算有些人面对你的号召表现得非常积极，急于加入你的阵营，但我向你保证，不要去拉拢他们，无论他们是潜在客户、雇主还是赞助商。这听起来可能有悖常理，但你要知道，这类人很容易误解你，所以很有可能他们很快就会开始抱怨，认为你没有兑现承诺，虽然你一开始并没那么说。他们甚至会威胁要在社交媒体上"揭发"你，一天 24 小时，一周 7 天，乐此不疲。很快，你就会发现自己陷入两难，要么尝试为他们实现一些不切实际的事情，要么极力扑灭他们点起的火花，这会耗尽你的精力，让你无法更好地服务最佳受众。

你不希望你的受众是谁？应当避开谁？

以我个人为例，在提供故事写作指导服务时，我希望我的受众聘我来帮助他们深入挖掘想表达的内容，帮助他们尽可能写出最有说服力、感染力的故事，所以我的受众明显是作者。

但是"作者"又怎么定义呢？想写故事的人都是作者吗？不，绝对不是。

根据多年的经验，我现在会思考：在可能成为我受众的人群中，我应该避开谁？我究竟学到了什么？

有些作者不愿吃苦，不愿费力深入挖掘真实的故事，这些人我会放弃。有些作者对每条建议都很抵触，还跟我说自己的好朋友、妈妈和写作小组都说他们写得不错，我也不想和这种只想听好话的人合作，他们真正的目标是让我夸赞他们。我不想与那些不愿对自己的"孩子"（这里指书）下手的作者合作。我不想与那些需要我保证某期限内能帮助他们写完书的作者合作，还有那些需要我保证写完书能出版的作者……因为他们的目标与我的不同。

接待这样的客户不仅会很头疼，而且还会浪费我宝贵的时间和金钱，更糟糕的是，最终的结果也只会让他们失望，因为我给不了对方想要的。

我摸索了很久，才下定决心婉拒这类客户。虽然这意味着丢失客户，但对我来说，我发现真正适合我的受众是那些饱经沧桑、更为现实的作者。这类作者在业内打拼足够久了，知道除非自己付出努力，否则即便书出版了，也只会有一名忠诚的读者——就是他自己。

找到不是你目标受众人群的这一过程，也使你进一步了解更应该为谁服务，这样会使你的目标更加明确，信息也会优化。这一过程还可以剔除那些信念体系和你水火不容的人，这样你就不用再纠结是否要考虑如何拉拢他们，更不会为了吸引更多受众而束手束脚。

你的受众人数不需要太多，你只需要吸引那些可能成为你忠实粉丝的人。他们会支持你的行动号召，仿佛是在拥护自己的观点，这是因为那时候你的观点就是他们自己的观点。

现在我们已经准备好了，可以开始确定究竟谁才是你的目标受众。现在问题变成了你希望这些人做什么，除非你确切知道你想让他们做什么，否则不可能弄清楚谁会接受你的观点，谁又会登上社交媒体谴责你的无能。

将所有的号召变成行动

你的行动号召到底号召人们做什么？这个问题看似很简单，因为我们每个行为都是受一个终极目标驱动的，目标在我们看来应该一目了然。但实际上，这个问题比想象的更难。在我们看来，我们想让受众做的事情再清晰不过了：为我们的事业赞助；购买我们的产品；订阅我们的服务；投票给我们支持的候选人……这不是很清楚吗？

再举个例子，假设你的目标是动员受众阻止气候变化，你提出的愿景是蔚蓝的天空，是充足且洁净的饮用水和食物，让人们不再忍饥挨饿，这真的很棒，我也完全认同这个目标。但你想让我采取什么行动呢？听完你的故事，我和我的同伴应该具体做什么？别告诉我要成立委员会，在论坛上组织开放平等的讨论，商讨所有可能的方案，然后再确定。这样的话我们只会浪费时间来考虑在谁家开会，由谁负责准备健康、环保的零食。

我们必须面对事实：做事需要人牵头，这个人就是你。这意味着你需要想出更多、更具体的行动号召，这样才能帮助你识别受众，并激励他们采取行动。

但是有一点要记住，你的最终目标可能并不是你故事里的行动号召。事实上，你的故事中甚至不会提到你的产品。比如护舒宝的"像女孩一样"的宣传活动，只字未提产品，行动号召也明显不是"快买超薄卫生巾"。当然，该公司的最终目标肯定还是吸引更多的消费者，提高市场份额。但宣传广告为了实现这一目标，采取的行动是激励目标受众与品牌之间建立情感纽带，让消费者感到品牌与自己站在同一立场，分享自己的经历，重新定义"像女孩一样"。用户分享故事，带上"护舒宝"的标签，这不再代表尴尬，而是体现了女性的团结，树立了品牌的正面形象。

因此，你想让受众做出的行动不能是概念性的、模糊的或是抽象的，必须是具体的、详细的、可操作的。因为如果受众没有明确的步骤，就不知道该如何响应你的号召，因此会感到无所适从。对方知道你想让他们行动，但他们却不知道具体该做些什么。再引用章节一开始米勒小姐的话——"你找它干吗。"

你想要什么

不管你能否设想出受众发生转变的方式，基本上你心里清楚他们最后应该变成什么样子。这并不难想，就像填空一样简单：

我希望我的受众_____。

例如：

- 我希望我的受众去下载我手机里最新的应用。

- 我希望我的受众投票给我支持的候选人。
- 我希望我的受众资助我所在博物馆的新展厅。
- 我希望我的受众吃面包虫做的松饼。

你的目标要像上述案例呈现的那样清晰、简洁、可行（好吧，也许松饼的例子不太可行）。

如果你和之前水族馆的科普部门负责人一样，希望人们回家深入思考问题，其实并不知道具体应采取什么行动，不妨先尝试自己深入思考一下，想想受众深思熟虑后，应该会做些什么。

假设我们运营一家非营利组织，组织的目标是号召人们将食物残渣做堆肥，并利用落叶做土壤的覆盖物，以此来应对气候变化，减少浪费，让人们拥抱自然。我们可以简单罗列一下行动号召，如下所示：

- 我希望人们把自己的厨余垃圾做成堆肥，给自己后院的土壤施肥。
- 我希望人们将落叶残枝用作植物越冬的覆盖物，而不是装进袋子里扔掉。
- 我希望人们大量饲养昆虫，最终转向以蟋蟀面粉饼干、油炸蚱蜢和香炖白蚁为基础的饮食，因为昆虫才是最具可持续性的蛋白质。

这听起来还不错吧？这里只是罗列出我们希望受众做的行动

号召的清单。他们会不假思索地提出大家都会问的问题："这对我有什么好处？"

如果响应我的行动号召，对受众有哪些好处？ 这似乎很明显。好处还用问吗？如果他们响应我的行动号召，将有利于世界和平，他们的孩子将会呼吸到更新鲜的空气，他们可以骑上时髦的自行车，舍弃高耗油量的汽车……

这种绝对自信本身就是需要警惕的信号，因为你越是对行动号召所具有的益处深信不疑，就越无法从受众的角度看待问题，因此你创作的故事就不会受到认同。不过反过来想，这也意味着你所看到的好处只是冰山一角。换言之，你需要更深入地挖掘。

这里有一条在所有领域都适用的经验法则：如果你很容易就能得出某个结论，这很可能意味着在很多事情上，你太想当然了。 这并不是说你的观点是错误的，实现世界和平、呼吸新鲜空气、骑上精美轻便的自行车都可能对人有好处，但如果你只看到了表面的好处。那你就太看轻你自己和你的观点了，因为很有可能，好处远不止这些。

回到我们的堆肥宣传，我们很容易去用简单、笼统的一句话概括其好处，例如：

- 可以让土壤更加肥沃，种植更多植物。
- 可以减少化肥使用量，甚至可以取缔化肥，可使受众节省资金。
- 可以减少垃圾回收费，从而节省成本。

- 可以改善空气质量。
- 可以让人们花更多的时间在户外收集落叶，接触大自然。

一旦开始，你会发现清单越列越长。虽然出乎预料，但很有成就感。不过，对于某些号召，你能罗列出的好处一开始可能会比较抽象，这也是个需要警惕的信号。例如，投票给我支持的候选人吧，你会得到：

- 一个不知疲倦地为你服务的人。（具体怎么服务呢？）
- 为你排忧解难的人。（具体解决什么问题呢？）
- 关注气候变化的人（具体如何做呢？）
- 坚持国家价值观的人。（国家价值观是什么？包括什么内容？）
- 果断出击的人。（对手是谁？）

上述罗列的好处都太过笼统，可以用 1,000 种不同的方式来解读。这样笼统的益处不可能兼容并包，其结果只会是空洞的说辞。因此，你要说清楚你的受众将获得的切实利益，不要害怕引起争议。例如：

- 投票给我支持的候选人，她会尽己所能，建立单一付款人医保体系，这样人人都看得起病。
- 候选人将争取基本收入全覆盖。

- 候选人将马不停蹄地颁布禁枪令。

也就是说，你要勇敢一点，就算害怕争议，你也要坦诚。我们在接下来的内容也将讨论这一点，如果你觉得自己容易受到伤害，那就说明你已经走上了正轨。

不过有时候，找出具体的好处的确不易。例如，如果你号召人们为公共事业捐款，为艺术博物馆建造新的展馆，这会给他们带来什么好处？他们会看到更多的艺术品？他们社区的艺术博物馆将跻身世界一流？促进城市的旅游业发展？

看见了吗？这个好处就比较难定位。这对受众到底有什么好处？并不是说它没有好处，只是有时候很难准确划清界限，这究竟是行动号召能给你带来的利益，还是能给受众带来的利益？这就是拉瓜迪亚机场在广播中犯的错误。无论广播稿是谁写的，很显然他们确信未来推出的现代化高端机场对当下疲惫不堪的旅客也是切实的利益。丝毫没有考虑事实上，许多旅客不会再来享受这所谓的利益了。

拉瓜迪亚机场应该向洛杉矶国际机场学习。洛杉矶国际机场翻新的时候更关注旅客本身的感受，而不是鼓吹多年后机场会变得耀眼夺目。洛杉矶机场知道翻修会产生拥挤，所以提前着手应对这个问题。他们的目标是舒缓旅客对机场翻修产生的不良情绪。在机场 140 亿美元翻修项目进行之际，为了给抵达机场后疲惫不堪的旅客带来一缕温暖，他们请洛杉矶当地的名人，包括洛杉矶道奇队三垒手贾斯汀·特纳（Justin Turner）、洛杉矶爱乐乐团总监古斯塔沃·杜达梅尔（Gustavo Dudamel）和明星大厨苏珊·费尼格（Susan Feniger），让他们录制了一段热情洋溢的欢迎视频，向旅客介绍洛杉矶的亮点。他们没有将问题大而化小，而是正面承认了给旅客带来的不便，用情景来进行阐释，让旅客感觉机场是会站在旅客的角度考虑的。

洛杉矶机场与拉瓜迪亚机场的不同之处在于，洛杉矶机场关注的是受众的感受和受众未来的生活，而不是他们的机场会变得多么金碧辉煌。我个人最喜欢的是吉米·坎摩尔（Jimmy Kimmel）的欢迎视频，因为他直截了当，不找任何借口："嗨，我是吉米·坎摩尔，欢迎来到洛杉矶国际机场。我们为正在进行的施工表示抱歉，但一旦你开上405号公路，你就会忘记这一切烦恼。总之，我们希望你在洛杉矶玩得愉快。如果你有任何需要，打电话给马特·达蒙（Matt Damon），因为他没有朋友"。

听到这里，你肯定会忍禁不俊。研究表明，微笑能释放多巴胺、内啡肽和血清素，从而缓解压力，降低血压和心率，放松身体，这对那些疲惫的旅客来说无疑是好处。你有没有听说过这句话，"如果你微笑，世界也会跟着你微笑。"其实这句话是有生物学支持的。笑一笑，其他旅客看起来就不那么紧张疲惫了，也更加亲切了。我们突然成了同处困境的伙伴，一起微笑面对，我们甚至会因此产生勇气。这似乎是一件小事，但我可以告诉你，如果拉瓜迪亚机场的工作人员在那辆摆渡车上播放类似的广告，我会开怀大笑。虽然我还是无法按时参加会议，但我感受到了重视。

这就是为什么你需要了解你的受众，这样你才能找到你号召中的哪些内容会被他们视为益处。

记住这一点，现在要开始确定你的受众到底是谁。

具体而言：谁是你的受众？ 我们已经排除了一些受众，但是你的目标受众究竟是谁？你可能有很多选择。例如，我们的堆肥案例就可以很容易联想到一些对象：

- 园丁；
- 城镇业余农户；
- 房主。

第一组人——园丁。听起来很靠谱，肯定有很多园丁对此感兴趣，而且他们的本职工作就是在院子里挖土除草，颇有经验。可是，也有很多人可能会觉得将落叶堆成覆盖物和厨余垃圾堆肥不仅麻烦，而且耗时，甚至有点恶心。竞赛类园丁、装饰类园丁和玛莎·斯图尔特（Martha Stewart）那样的艺术类园丁可能并不会接受你的号召，他们属于"谢谢，但是不用了"那类你无须关注的受众。虽然他们可能会对此感兴趣，但对他们来说，做堆肥和将树叶用作植物越冬的覆盖物会让后院看起来很凌乱。这就需要我们"加班工作"，花更多心思来帮助他们"美化堆肥"。这告诉我们，园丁这个群体并不像我们一开始认为的那么同质。

第二组人——城镇业余农户。这类人群在城市里居住，为了实现自给自足而自行耕种。他们看起来是最佳受众，完美得有些不太现实。因为很有可能他们已经在堆肥了，而且比我们更专业，反而能教会我们许多技巧。说服他们好比向圣人传教，对方已经深信不疑了，所以我们的目的是说服其加入我们的行列。

第三组人——房主。听起来他们是最不靠谱的人群，因为到目前为止，我们甚至不知道他们是否会亲自搞园艺。但是，有一件事我们非常了解，那就是我们自己的目标，我们非常清楚人们对气候变化的感受。我们知道，70%的美国人对此感到担忧，这些人担心自己为应对气候变化做得不够；73%的人表示愿意改变生活方式来应对气候变化；51%的人不确定自己能做些什么。这意味着，许多房主原则上赞同我们的观点，只是苦于没有具体的方法。同时在美国，房主们的房子很可能带有后院，甚至可能涉足园艺。

这组数字还告诉我们一件事，现在许多房主可能感到在气候变化面前自己无能为力。因此，如果告诉他们有个方案可以减缓气候变化，而且只需要在他们的后院就能实施，这可能会让他们受到激励，号召朋友和邻居效仿。因此，房主有可能成为我们所需要的那种"忠实粉丝"。

我们现在已经知道受众是谁了，但事实上，我们的界定依旧很笼统。怎么来判断受众是否明确呢？闭上眼睛，你能清晰地看到那些担心气候变化的房主吗？还是说在你看来，他们只是人口统计图表上的一组数据，没有具体的画像？

如果你所确定的受众是塔科马市的卡车司机、好莱坞的时髦人士、里士满市刚退休的人群、喜欢看足球的攀岩爱好者、少年、中年人，问题也是一样的。像"房主"一样，这些群体听起来很具体，可能让我们误以为已经找到受众了，但这样的分类仍然过于笼统。

想讲出有效的故事，我们需要进一步完善受众对象。"青少年"是指有奖学金的学生，还是指听小众摇滚乐的团体？中年男子看球赛是因为他们在这场比赛下了赌注，还是因为想重温高中的辉煌？这其中差别很大。

一旦你瞄准了特定的目标受众，闭上眼睛，想象出一个具体的人作为这个群体的化身。他的容貌，他的衣着，每天是如何度过的……

这一点至关重要，因为你的故事需要一名主人公，需要一个人来将误念呈现给你的目标受众。主人公要面临一个问题，这个问题会使他正视自己的误念，因而觉醒，解决问题。你的脑海里是否浮现了一个身影？可以把他当成主人公的候选人。

再回到我们堆肥宣传的受众，我想到了一位40岁左右的父亲，与《反斗家族》里的爸爸同名，叫科斯莫。在我看来，他担心气候变化，但不知该如何应对。他和妻子汪达都有工作，所以没有很多空闲时间，孩子们的课余安排也十分繁忙。他们喜欢吃健康的食物，喜欢那种别人已经调配好的半成品食材，点了就会送货上门，然后自己加工。他们也会因包装不环保而感到内疚。科斯莫的右小臂上还有一个精致的文身，是一间朴素的木屋。

但是我们最感兴趣的还是科斯莫的生活习惯发生了怎样的变化。也就是说，我们想知道他现在是如何处理厨余垃圾的，秋天又是如何处理树叶的，以及后院的植物是怎么施肥的，因为这就是我们期待他改变的地方。因此我们接下来要明确他做出改变后对自己有什么好处。在下一章将提到,人们不会基于未来虚无缥缈的利益而做出改变。虽然科斯莫非常在意气候变化,但还是需要让他明白阻止气候变化是在当下就对他有好处的,这样他才更有可能做出改变,正如我们所倡导的那样。

但请记住,这仍然是我们自己脑海中的受众。这是我们用来了解对方而编造的故事,与受众的自我叙述可能大不相同。正如社会科学家布伦·布朗(Brené Brown)在《敢于领导》一书中指出:"当想要弄清别人的动机时,只要提醒自己'依据我脑海中的故事,你在做的是……'就会发现效果大有不同。"这句话提醒我们,这是我们所创作的故事,虽然故事的主人公是别人,但并不是他们真实的经历。这样我们就会充分考虑自己犯错的可能。例如,我刚才形容我脑海中的科斯莫,在我的心目中,科斯莫就代表着我们的目标受众,但是我对他的设想可能完全脱离实际。我们的目标受众可能并不喜欢半成品食材,他们可能没有孩子,也可能不喜欢文身,我只是把我的观念和欲望投射到他身上而已。我其实是把他想象成我"部落"的一分子,而非他自己"部落"的一分子。

故事工具

不要把你的受众看成你"部落"的一分子,而是要看成他自己"部落"的一分子。

这就是为什么我还需要再进一步改善我对科斯莫的世界观的认识。我们突破了笼统的假设，思考向具体化迈出了第一步，但是无意间仍在做许多假设。因此下一章，我们将开始质疑这些假设，并剥离这些假设，直到我们能够真正以科斯莫的视角了解他。

这里要指出，如果没有进一步深入挖掘，你写的故事很有可能只是围绕着自己的想法展开，内容只是你以为受众最关心的事情，以及你认为他们为什么要接受你的提议、买你的产品或雇你工作。

因此，一旦你确定了受众群体，就必须站在他们的立场思考问题。做到这点虽然相当困难，但你会得到更多的收获。

但是，除非你有特异功能，或者拥有能解读他人思维的黑科技（可怕的是这很可能有朝一日成为现实），你怎么能知道别人在想什么呢？幸运的是，还有其他方法，因为读心术正是我们在下一章讨论的话题，无须超能力，无须黑科技。

做一做

没错，你的作业来了。拿出纸笔，开启你的计算机，抽出一点时间，写下你最真实的想法。

- 你不希望谁成为你的受众？为什么？（尽你所能把你的刻薄、衷心、残酷，但诚实抑或无能为力的一面都吐露出来。这将会是一种内心的宣泄，相信我，十分美妙）
- 你希望受众做什么？你的最终目标是什么？请填空："我希

望我的受众 _____"。

- 罗列如果要实现你最终的目标,受众可以响应的行动号召。深度挖掘,但不要只想不动笔,记录下来。

- 过一遍你刚刚列出的清单,想想受众从每个行动中分别可获得什么好处,对他们会有什么帮助。

- 在你看来,谁会从你列出的行动中获益最多?为什么?

- 闭上眼睛,想象出一个人,他是受众群体的化身。多少岁?住在哪?穿的什么衣服?要尽可能详细。

6. 受众眼里的自己

> 一旦你了解某人的故事,就会情不自禁地喜欢他。
> ——美国著名电视主持人 罗杰斯(Rogers)

本节我们将带着以下 3 个问题,深入探索受众的内心:

• 从受众的视角出发,我们的行动号召会为他们带来什么益处?

• 受众们的哪些信念与我们的行动号召相冲突,阻碍其发生改变?

• 从受众的视角出发,我们的行动号召怎么能够让他们成为更真实的自己?

有了上述问题的答案,我们创造的故事会使读者感到备受关注,而这也符合我们一直强调的原则——人们只有感到自己被人倾听时才会开始倾听他人。也就是说,我们的故事如果想要让受众行动起来，仅确定目标人群是不够的。当然，明确目标受众，并对他们的世界观有大体的了解是一个不错的开端，但只有理性认识是不够的。如果想说服受众，还需要更深入一些，那便是要学会和受众共情。你不仅要知道受众做事的动机，更要真正理解主导他们这一行为的逻辑，不能带有任何偏见、嘲讽和蔑视的情绪。

本节我们将突破一道最大的难关，如何真正站在受众的视角来看待这个世界。我们将探讨这一点的重要性，以及为什么我们获取了很多信息，但依旧很难和受众产生共情。我们的目标是发现受众的需求、面临的问题，并且让受众认为我们的行动号召可以满足其需求，帮助其解决问题。否则，我们就有可能在不经意间产生误解，甚至轻视对方很在意的事物。认识到这一点非常重要，即便我们想要说服的受众只有一人，比如你青春期的女儿、你的老板，或是邻居（纵容他家新养的小狗通宵嚎叫的那位）。同理，哪怕受众是 100 万人，也要记得这 100 万人是由独立的个体组成的。在理解他人行为的内在逻辑时，我们总是会做出假设，猜想他人行为背后的动机，这是我们面临的最大障碍。从上文提到的邻居案例可以看出，邻居纵容狗整夜嚎叫，这种假设暗示我们认为邻居完全知道此举扰民，但明知故犯，甚至有可能以此为乐。这样的假设会让你怒不可遏，立刻报警举报……

但是，以上或许只是我们主观编造的"故事"，并不是事实。事实可能是你的邻居一直在努力让他家的小狗安静，但徒劳无功，因为这只狗原本是他妈妈的，而他妈妈一个月前刚去世，小狗每晚因思念主人而哀号。你的邻居在极力克制自己心中的悲伤，才没有和小狗一道哀号。邻居的处境令你深感同情，即使晚上被吵得睡不着觉，你也不会举报，反而想去安慰他。

了解受众是谁，以及他们平时的所作所为仅仅是个开头，要想说服他们改变行为，就必须先把自己当作对方团体或"部落"的一分子。这里提醒一下，从对方的角度来看我们的观点会遇到一个问题，你可能会发现在对方的眼里，你的观点是完全错误的，他们还会觉得你非常愚蠢。

在第二节我们讨论过，人类在生理上是不能接受这一点的。听到你的观点，对方会血压升高，得坐下来缓缓才能冷静下来。有这种反应并不是人类智力上有缺陷，而是大脑认为我们受到了袭击，从而启动的自然保护机制。专栏作家富兰克林·P.亚当斯（Franklin P. Adams）一针见血地指出："站在别人的角度看待自己，反而会让我们更加肯定先前对他人做出的恶毒猜测。"

但其实这个问题也可以从另一个角度思考。当我们认为他人否定我们的观点时，我们感受到的愤怒是有用的，这可以成为建立共情的起点："原来我指出受众观点错误的时候，他们是这种感觉啊！"

最近，我读了一篇社论，深刻认识到了这一点。撰写社论的作者的观点与我的相似，文章对某政客的支持者进行了巧妙而尖锐的攻击。这位政客的观点我是不赞同的，更确切地说，是极为厌恶的。社论批评支持者目光短浅，只会抱怨。我拍手叫绝，写得太妙了。但后来我恍然大悟，如果对方阵营的作者说我的"部落"成员目光短浅，只会抱怨，我肯定会怒发冲冠。读完那一句，无论这所谓的专家再发表什么样的社论我也是不会认可的。

这里想要表达的是，你有你的理由相信受众应该听从你的号召，但受众也有充分的理由拒绝听从你的号召，并且这些理由对他们来说意义重大，是他们骨子里的信仰。

关键点来了，现在我们已经知道受众的理由可能在外部逻辑面前根本站不住脚，他们完全是出于情感而坚信自己的理由，我们也同样如此。因此，仅仅了解受众的理由是不够的，你应该去深入挖掘这些理由为什么重要，以及这些理由背后沉甸甸的情感价值。

换句话说，你不是在寻找潜在的消费者、赞助方、选民和客户，更不是要证明自己的聪明才智或产品的出色性能，你要找的是通往受众内心世界的道路，寻找你的行动号召和他们世界观的交集点，以及你能给对方带来的好处。

共情就像是一个静音按钮，屏蔽我们内心对于他人纷乱嘈杂的评判。毕竟，人类的本能是不会轻信他人的，否则随便来一个诈骗短信，我们的钱就被骗干净了。当人们自己想做某件事时，才会真正去做。这就是为什么你的故事既要让别人自己拿主意，又要让他们感觉这是唯一正确的选择。护舒宝的广告没有长篇大论地灌输某个理论，而是给了人们以不同的方式看待世界的机会，并让观众用自己的内在逻辑思考，最终改变对自身经历的阐释。

我们深入地了解了受众的世界观与自我认知后，产生共鸣的关键就是要回答以下这个最为重要的问题：他们为什么会相信自己的信念？

不是做了什么,而是为什么这样做

假设我想拉拢在第 5 节提到的里士满市刚退休的人,我们现在的目标是要假想一个能代表该群体的人。我们可以做出合乎逻辑的推论,他想要的是自己的毕生所学有用武之处,有更多的时间看孙子,抢到折扣力度更大的餐券……但这是根据谁的逻辑推导出来的呢?其实是根据我的逻辑推导出来的。有可能该退休群体喜欢穿牛仔裤和 T 恤衫,车库里也还停着旧摩托车。他们其实不像我们想的那样垂垂老矣,而且并不关心优惠券。如果是这样的话,那我们的假设就大错特错了。

因此,问题就变成了"究竟如何才能了解受众真正想要什么"。

大公司的调研方式通常是线下采访焦点小组,但现在也会经常使用线上方式采集人们的观点。焦点小组由公司认为能代表目标受众的成员组成,组员有偿参与,回答公司提出的问题,让公司更好地了解他们对产品的真实感受。在此过程中,采用单盲试验,即受访者并不知道是哪家公司在采集信息。

但是,这种正式的调研成本很高,也很耗时,而且有时效果也有限,之后我们会进一步讨论。人们往往不会透露最真实的想法,特别是他们认为真实的答案会造成尴尬的时候。

幸好你现在可以用社交媒体或者其他线下模式进行非正式、但仍然有效的市场调研,了解人们的行为。不要忽视线下调研,因为实地勘察是深入了解受众的世界观最有效的手段。

例如，前文提到的退休人士可能不会花很多时间在社交媒体上。因此，与他们面对面地实际交流就尤显重要。你可能要亲自前往老年中心、怀旧摩托车展，甚至是经典金曲乐队的现场。无论是暗地观察他们的兴趣，还是在聊天的过程中了解他们的喜好，都可能收集到意想不到的宝贵信息。更重要的是，线下调研可以让我们走进他们的世界，真实地体验对方的感受。他们T恤上印的是什么标语？他们穿的衣服是什么品牌？从他们的购物行为中可以看出什么样的消费方式？同时还可以偷偷听一听他们的对话，他们的对话中暗含了什么样的世界观？

但是，有时在实践中受到经费和距离的限制，与目标受众并不一定能实现见面，所以我们可以采用另一个非常强大的工具，就是通过社交媒体进行调查。这种调查我相信大多数人其实都已经做过，借助网络寻找他人的个人信息，而他们本人可能都没有意识到网络能透露这么多信息。

假设你刚刚遇到一位非常合眼缘，让你一见钟情的人，你会怎么做？你肯定会先在网上搜索有关这个人的信息，或找朋友打听一下这个人，对吧？这样你才能确定对方的基本情况。虽然网上搜索不能取代面对面的访谈，但实践中效果并不差，有时候我们在社交媒体上展示的自我反而更加真实。比如有对父母每天发帖子晒8岁孩子的成绩，他们可能没有意识到自己是"虎爸"或者"虎妈"，但我们看了帖子后就会心疼孩子没有户外玩耍的时间。明白了这一点之后，你可以登录社交软件，寻找你的目标受众。要重点关注内部信息：他们的世界观是什么样的，他们喜欢什么，当然也包括他们午餐吃了什么，在哪里吃的，和谁一起吃的。

如何找到这些有代表性的成员？ 可以先上社交网站找到那些与你的品牌类似的其他品牌账号，看看谁在关注他们，然后关注这些品牌的粉丝，看看他们都发了些什么，还关注哪些品牌，收藏或者转发过什么帖子，支持过什么项目，分享过哪些博客链接，以及会留下什么样的评论，等等。

我们的目的不是看受众做了什么，而是要探究他们为什么会这么做。 了解他们关心、恐惧或喜欢的事情只是个切入点，更深层次的问题是，这些关心、欲望和恐惧背后的信念体系是什么？他们属于什么"部落"？什么对他们最重要？他们的崇拜者是谁？是什么让他们夜不能寐？他们宁愿死也不承认的事情是什么？

很快你就能发现一些共性。会发现使目标受众凝聚到一起的事物可能完全超出你的想象，发现你一开始以为产品可以提供的利益突然不适用了。假设你的产品是一种新的高科技自行车，有超轻碳纤维框架，你认为的主要卖点是更快、更时尚，当消费者骑上时，邻居会投来艳羡的目光。经过一些研究，你已经将你的目标受众确定为25—60岁的城市通勤上班族。受众要有足够的体能，并且有足够的可支配收入来购买一辆昂贵的自行车。但经过进一步的调查，你可能会发现，目标人群平时根本不会去考虑自行车。他们期望的是能避免交通拥堵，按时上下班。而上下班的早晚高峰早已将道路变成了"水泄不通"的停车场，这款自行车恰好可以解决通勤问题。由于需求发生了改变，你的产品与消费者的世界的交集也发生了转移，产品带来的利益也发生了变化，因此需要一个完全不同的故事。

堆肥宣传案例也与之类似。我们将园丁视为目标群体，认为他们日常的工作中已经接触了很多土和泥巴，不在乎这点儿脏，所以让他们去堆肥应该很容易。但我们很快就会意识到，园丁的类型其实非常多，而且一开始我们就本末倒置了。问题不在于某类人能不能堆肥，而在于他们为什么会想堆肥。

事实证明，还有一个更大的群体可以作为目标，那就是房主。在欧美，大部分房主会担心气候变化，而且他们的屋后有院子，也就意味着他们既有地方堆肥，也有许多落叶需要处理。这是我们自己就能推测出来的。在此基础上，我们假设故事的主人公是一个房主，名叫"科斯莫"，他是一家之主，我们想说服他用落叶堆肥，而不是直接装进垃圾袋扔了。

现在是时候深入了解了，我们要想办法从他的视角来看世界。科斯莫先生的动机是什么？有何理由会响应我们的号召？除了逐渐升高的气温这样的远虑，他是否还有近忧？他的孩子呢？在互联网上简单搜一搜就能发现，70%的青少年认为气候变化会给他们的生活带来极大的影响，而气候变化主要是自己父母那一代人造成的。

进一步深入调查让我大开眼界。事实证明，我已经一头栽进了我们试图避免的陷阱。我选择科斯莫先生是因为我自己的偏见，因为在我熟知的世界里，男人和女人在家务分工和养育孩子方面是平等的。经过一番调查，我发现男性在打理庭院方面往往比女性承担更多的工作，而且相较之前，男性也更多地参与照顾孩子。但是，再进一步挖掘发现，世界各地的妇女正在制订更公平和公正的气候变化解决方案，妈妈仍然承担了65%的育儿工作。因此在我的线上调研中，妈妈们在社交媒体上可能更担心气候变化产生的影响，尤其是对孩子的影响。所以，我们转换目标，将目标受众的化身从爸爸科斯莫改成了妈妈汪达。

潜入这些妈妈的社交媒体，一个立体的人物逐渐浮现在我们眼前。一位妈妈每天转发《国家地理》（*NatGeo*）的图片，说明她非常喜爱户外活动。她上传到社交媒体的照片中，有孩子外出远足和骑自行车的画面，表明她享受和家人在一起的时光；她分享和7岁孩子一起制作喂鸟器的故事，让我们知道她喜欢手工制作；她支持的政客均关注气候变化，暗示她也视此为重点。这些意味着我们要求她做的事情确实可以帮助她成为真实的自己，也是别人眼中最真实的她自己。

根据她点赞的文章和她关注的人我们可以看到，她总是在寻找能够动员全家一起参加的活动，这正是堆肥的另一大优点。堆肥让大家都在户外活动，孩子们也可以参与其中。

那她在担心什么呢？根据她转发的文章我们可以了解到，她想知道孩子在做什么，想与他们有更多的交流，她害怕跟不上孩子成长的脚步，她担心孩子花太多时间在家里玩电子游戏，她担心她这一代人留给孩子的世界是不适合生存的，是不能实现可持续发展的，她担心现在的生活节奏太快，导致家人不能聚在一起，而这又是堆肥可以帮助她的一点，我们又找到了一个契合点。

就像我们之前讨论的自行车买家一样，汪达所关注的问题都是与我们具体的行动号召无关的问题。在她的社交媒体的帖子中，只字未提堆肥或园艺等关键词，更没有提到晚餐后如何处理家里的食物残渣，秋天怎样和家人一起清理落叶。但没关系，我们将在第7节看到，我们要为汪达解决的问题与她对剩菜的看法和打理、维护院子的方式无关，关键在于她对世界、对自己的看法，以及她自己发现的问题。

挖掘这一具体信息至关重要。虽然汪达只是一个人，但她代表了我们想要沟通的"部落"，即我们的目标受众。记住，我们设想的这个人很可能成为我们故事的主人公，只有对她的信念体系进行归纳分析，我们才能学会她的"语言"。如果把这部分弄错了，我们的宣传就会毁于一旦。

下面举个具体的反例。

案例分析：美林

2008年，去痛片生产商美林集团推出了一项针对新手妈妈的视频宣传活动，承办该活动的第三方广告供应商是塔克西营销传播公司（Taxi）。塔克西了解了一些表面上的问题，年轻妈妈用婴儿背带或腰凳抱婴儿时，可能会产生背部疼痛。这个推断很合理，但是他们没有深入研究妈妈为什么用腰凳，而不用婴儿车。有人根据妈妈们的问题写了脚本，虽然脚本确实也触及了妈妈用腰凳抱孩子的真正原因，但他们的态度十分轻浮。广告以动画的形式呈现，一共50秒左右，旁白是一名20多岁年轻女子的声音："按理说，父母抱孩子应该能建立非常紧密的关系，据说紧贴着父母身体的婴儿更不容易哭闹。"

按理说？听起来就好像父母抱孩子可能不会建立亲密关系一样。科学研究和过来人的经验早就证明了这一事实，为什么还是"按理说"呢？况且，美林的目标受众并不是在考虑是否要用腰凳抱孩子，而是已经用上了腰凳。那么，为什么要暗示他们这样是错误的呢？难道商家的目是要推销婴儿车？我的猜测是，塔克西想让广告词迎合"80后"和"90后"这个年龄段的父母，却没有弄清楚这一代的父母的沟通方式。

到底为什么要专门指出"据说紧贴着父母身体的婴儿更不容易哭闹"？谁说的？为什么要以这种方式传达妈妈们已经知道的事情，让信息更模糊呢？人家已经从亲身体验中知道这一点了。

更令人瞠目结舌的是，塔克西公司的创意在广告里大胆断言妈妈用腰凳带着孩子的原因是"这似乎是一种时尚"，妈妈这样做是因为"让自己看起来像个称职的妈妈"。如果广告中居高临下的语气不是如此明显，那么读起来可能还会让人觉得滑稽吧。最后，该广告仿佛秉持"不错则已，一错到底"的精神，在结尾处的画外音竟说道："这样一来（指用上腰凳），就算我看上去疲惫焦躁，人们也会理解背后的原因。"

"疲惫又疯狂"显然是广告制作人对新手妈妈的看法，但这绝对不是妈妈对自己的看法。正如一位女士在推特上所说："我认为他们是想表现得很前卫，但是这个广告甚至惹恼了我的丈夫。"是的，这则广告确实正中球门，只可惜是个乌龙球。

广告中的女主人公再三抱怨背部疼痛，却只字未提止痛。视频无意中也以讽刺性标语结束——美林，理解你的痛楚。

新手妈妈看到这个广告后，纷纷在社交媒体上做出了迅猛的抨击，而这个用户群体是美林惹不起的。根据《福布斯》的报道："在所有消费者的购买行为中，有70%—80%是由女性主导的，包括非处方药物的购买。"

最终广告被迫撤回。

想象一下，如果他们真的有同理心，就会知道那些妈妈为了更贴近孩子，抚慰他们，让他们不再哭闹，而忍受着背部疼痛。这段视频完全可以用不同的方式来拍摄，视频会传达这样的信息：我们知道紧抱着宝宝对您意味着什么，您是伟大的，我们希望在您抱着宝宝不停走动时帮您减轻痛苦，这样您就可以专注于真正重要的事情——与你的小可爱紧紧相拥。

创作的红线是，如果你创作的故事与你的受众的认知系统格格不入，最好的结果就是你的受众和她们所在的"部落"会忽略你，而最坏的情况则是她们群起而攻之，身上仍背着用来安抚宝宝的腰凳。

代价是什么

这就是受众会问自己的问题，你难道不会问问自己吗？世上没有免费的午餐，有好处就会有代价。当要求目标受众尝试一些新的事物时，其实也是在要求他们放弃他们现在做的事情。

为了达到你的要求，他们具体需要放弃什么？比如：

- 不要驾驶舒适的私家车通勤，要骑自行车。
- 不要把你的厨余垃圾丢到垃圾回收处，而是在花园中进行堆肥处理。
- 不要在星期六的早上骑着 1960 年的哈雷摩托车和朋友兜风，要在福利食堂做志愿者。
- 不要吃鲜嫩多汁的牛排，要吃豆制素鸡。
- 不要每天早上去星巴克买浓缩咖啡，把钱省出来，每天捐 30 元来拯救雨林。

在调研目标受众的世界观后，你会发现可能对他们来说，开着车听广播上班的时光,是他们在面对吹毛求疵的老板之前为自己营造的乌托邦时光;周六早上和朋友骑摩托车兜风能洗去积累了一周的疲惫;而咖啡是"长生不老药"(至少是继续工作下去的动力)。我们可能犯的最大的错误之一就是认为受众能够在不掺杂任何感情的情况下权衡利弊,进行等值交换。

故事工具

当你要求你的目标受众用另一种行为模式替换掉现有的行为模式时,请记住,这不一定是权衡利弊后的等值交换,这个过程一定会牵涉到情感。

我们要求受众做出的改变不仅仅是表面的外部改变,而是深刻的内部改变。我们要他们放弃的可能是很重要的理念,甚至会涉及他们自我认同中的核心部分。例如,我觉得朴素且不加装饰的黑色衣服最适合我,如果要求我穿一件五颜六色、带花边的衣服,那还不如杀了我。因为这样的衣服会把我界定为"小女生",会让我感到身体受到束缚,极为不适。如果仅从表面上看,这样的改变似乎很容易。其实,穿衣服最基本的目的就是防止我们在公共场合赤身裸体。因此,从实际效果来看,我穿黑色牛仔裤和T恤,或者穿戴金属饰品和有花边的红裙,有实质的区别吗?也许没有吧。但我们不是在谈论实际效果,而是一个人的自我认识。

要想受众做出改变，就要先了解该内生变化究竟意味着什么？了解到这点我们就会发现，无论受众是否意识到这一点，他们都对自己现有的行为有着根深蒂固的执念。比如前文提到的母亲并不是为了时尚或证明自己是个"真正的"母亲而把孩子抱在腰凳里，她们这样做是为了与孩子建立亲密的联系，安抚孩子，减少哭闹，而且她们还能腾出双手做其他的事情。而我穿中性黑色衣服不是因为衣服时髦或看起来酷，我穿这样的衣服是因为这让我感觉更有力量，而不是小女生范。在我看来，后者会给人一种温驯的感觉。

这点要澄清，我知道许多女性喜欢看起来淑女一些，而且我也知道这样的穿着并不会让她们的性格发生变化。我认为，这是一种根深蒂固的联想，如果我穿上这些衣服，就会有这样的感觉。在我面前展示华丽的高级定制褶边连衣裙，无论多么惊艳，都不会改变我的想法。这就说明我不是你的目标受众。

真正阻碍你的号召得到响应的是受众内心对你行动号召的解读，这就是我们故事的核心。如果受众心中的信念非常顽固（比如对我来说荷叶边的裙子是小女生的象征），那么你就必须回到他们的故事中去，找到另一个切入点，或是意识到自己选错了目标受众，然后放弃。这就是为什么我们既要学会识别哪些信念可以转变，也要学会识别哪些信念不可动摇。

故事工具
我们既要学会识别哪些信念可以转变，也要学会识别哪些信念不可动摇。

你要找的是受众迫切需要处理的担忧、焦虑和恐惧，而这些问题可以用你的行动号召来拯救，同时你也不能挑战他们根深蒂固的观点。这也是他们从你的行动号召中能够获得的好处。

说到好处，"做一做"中布置的作业可以给你带来意想不到的收获。随着对目标受众越来越了解，你可能会发现自己逐步与他们产生共鸣。如果你不开始做，可能永远也想不到会有这样的效果。

这是因为一旦了解了受众的故事，就相当于你间接地体验到了对他们来说最重要的东西。通过设身处地的思考，你能更深切地体会他们为什么做出了现在这些行为，由此认识到其行为背后的意义。你会了解什么能让他们产生美好的感觉，什么能让他们觉得实现了真正的自我，甚至你还有可能挖掘出他们的误念是什么，是什么让他们对你的号召充耳不闻。故事的目的就是要让受众正视这些障碍。

以上这些信息相当重要，而你也需要这些信息。因为在第 7 节中，需要解决迄今为止最大的挑战，即说服别人做他们尚未做的事情——让他们自愿改变。

做一做

花时间研究目标受众,按照本章节调查汪达的流程来做,找到一位能代表受众群体的人。如果条件允许的话,去他们"部落"聚集的地方实地考察,然后上网挖掘群体画像。试着回答以下问题,不限答案长度,请畅谈无忌。当在网上搜索时,要随时准备好笔和纸。根据你的调研,请回答下面的问题:

• 目前对受众最重要的是 _____。

要留意他们当下最关心的问题,要具体。换句话说,要写他们真正可以落实的行动。

• 为了成为最真实的自己,受众最渴望做的是 _____。

他们渴望成为什么样子?他们的目标是什么?要具体。例如,你可能会注意到,代表你目标群体的人关注了社交媒体上关于小户型住宅的内容。这可能揭示了他们渴望以一种更朴素的方式生活,并拥有财务自由。

• 受众最恐惧的是 _____。

他们彻夜不眠所忧虑的是什么?和前几个问题一样,要写得尽可能具体。例如,受众发帖子表示,他们分类和回收垃圾时缺乏耐心,因此感到羞愧,或因沉浸于肥皂剧而担心受到鄙视,或担心付不起孩子的学费。

• 受众现在还没有做我们希望他们做的事,而是在做 _____。

为了响应行动号召,受众必须做出哪些外部改变?这些外部改变与现在所做的事情有没有情感联系?是什么联系?

考虑到你所发现的情况,试着回答本节开头提出的3个问题:

• 从受众的视角出发,我们的行动号召会为他们带来什么益处?

• 受众的哪些信念与我们的行动号召相冲突,阻碍其发生改变?

• 从受众的视角出发,我们的行动号召怎么能够让他们成为更真实的自己?

7. 识别受众潜在的抵触

> 让人疲惫不堪的不是前面要攀越的山峰,而是鞋子里的鹅卵石。
>
> ——美国拳王 穆罕默德·阿里(Muhammad Ali)

现在,你已经学会了从受众的角度来看待世界,但接下来我们要回到一个不幸的事实:改变会让我们在生理上感到极度不适。

众所周知,即使现状不那么理想,也会让人感到满满的安全感,而改变往往意味着风险。现状也许很糟糕,但改变可能会使其变得更糟糕,所以人们对风险甚是恐惧。所以,我们朝九晚五的混日子,直到被开除,才会去开自己梦寐以求的小酒馆;我们一直拖延,直到地下室被淹了,才会去修理水管;我们一直吃油炸食品,直到心脏病发作了,才明白甘蓝到底有多美味。这就是受众群体的状态,他们固守现状,直到别无选择的时候再去改变。毕竟能凑合用为什么要大费周章地修?

故事的意义要让受众觉得，要求他们做出改变其实是在引导他们去追寻内心最真切的渴望。事实上，好的故事往往能够让受众真正意识到自己早已具备充足的勇气和能力，可以立刻着手尝试那些因为害怕而一再搁置的事情。

但要创造这样一个故事，你必须要解决最难的问题：你号召的行动有那么多好处，为什么受众直到现在也没有做？是什么阻碍了他们行动？

即使现在你直截了当地问，他们可能也不知道，而且还会给你错误的答案。在这种情况下你是有优势的，因为你已经学会了共情，不仅知道受众的信念是什么，更对他们产生此种信念的原因感同身受。同时，旁观者清，你还能清晰地看到受众的错误之处，也能发现受众所忽视的事实。在本节中，你将利用这种新能力，锁定那些阻碍受众接受你的想法的误念究竟是什么，而这些误念甚至受众自己也说不太清。这样你就可以发现他们现存的问题，而且你号召的行动能够解决这些问题，随后你就可以开始构思故事了。

明确这点之后，要讨论本章的非重点关注问题。即使我们做了这么多的探索，仍认为在寻找的误念是一个可量化的客观存在，比如费用、品质和实用性。这些阻碍处于表层，是经逻辑思维得出的阻碍。逻辑注重那些看得到、测得出的东西，但驱动人类行动真正的动因往往隐藏在表面之下。如今许多人认为数据和客观事实会让人信服，而这种根深蒂固的观念正是我们前行路上的绊脚石。我们之所以这么认为，是因为社会一再强调情感就是公敌。经济学家可能会强调"人是理性动物，不会做出违背自己利益的事情"，但科学研究已再三证明他们的观点是错误的。

对人们而言,最重要的事情不是保住钱财,而是保全面子。我们想做一些事情来表明自己与"部落"里的其他人属于同一群体,因为这样才能让我们有安全感和价值感。所以大多数时候,当我们的追求和大环境的要求出现偏差时,误念就会萌生,阻碍我们做真正的自己。这种误念往往是受众潜在的抵触所在。

这不禁让我想起了电影《广告狂人》中我最喜欢的一幕对话,在法耶·米勒博士做一份关于消费者研究重要性的报告时,斯特林·库帕公司的创意总监唐·德雷珀突然离席。随后,法耶紧随唐走进办公室并与之对质,问他为何中途离开。唐认为法耶的研究无法帮助自己更好地理解客户的需求,称她对广告的运作简直一无所知。但法耶辩驳道:"大家同处一个行业,我可以问心无愧地说'不',这份报告能够帮助人们梳理内心最深处的心结。"

唐扬起眉毛,傲慢地问道:"什么心结?"

"根本上说",她回击道,像唐一样扬起眉毛,"就是'我想做什么样的人'和'人们对我有何期待'之间的矛盾。"

唐听后惊讶地闭上了嘴,眨了眨眼睛,往后退了退。考虑了一会儿,最后不情愿地承认道:"还真是这样。"

正如布芮尼·布朗(Brené Brown)在《不完美的礼物》中所说:"我们难以明确地指出融入一个群体和归属于一个群体之间的区别。虽然二者听起来像同一回事,但事实并非如此。'融入'意味着我们隐藏了真实的自己,'归属'则是最真实的自己被群体所接受，两者是相互排斥的概念。我们往往迫切地想要融入某个团体，但事实上我们真正想要的是归属感，想要让最真实的自己被人看到、被人珍视。"

正是因为这一点，我们才会在评估万事万物的时候思考："这件事和我有什么关系？"因此，要再三强调的是，受众内心真正的问题不是"这个想法、事业、产品或服务本身好不好"，而是"别人会如何看待我，以及我会如何看待自己，这对我自身有何利弊"。这便是情感成本效益分析。每个人都会这样分析，我也是这样的。

我们的目标是确定阻碍受众响应号召的误念，是什么让受众无法意识到你的行动号召会让他们成为更真实的自己。为了实现这个目标，我们必须利用我们在第 6 节中所了解到的信息，从受众的信念体系出发，也就是从"解码环"着手。

从受众的角度考虑问题，这将是一条颠簸之路

从受众的角度考虑问题——这个过程必然充满坎坷。

虽然之前的章节让我们更加清楚地了解受众，但我们还是很容易把受众因误念导致的行为错认为是误念本身，即把结果误认为原因。例如，拒绝从梯子下面走是结果，认为这样做不吉利才是原因。误念的根源在于受众错误解读事物的原因。因此，如果要用故事向别人证明在梯子下行走是安全的，我们要深入了解的并不是他们对梯子的看法，而是他们迷信的原因。

故事工具

不要把受众因误念导致的行为错认为是误念本身。

但即使明白这一道理，我们还是会产生一股冲动，迫切地想指明他们的错误，告诉他们在梯子下面行走是安全的，尤其是可以用客观事实反驳对方的焦虑（即看似是误念，实则为其结果）之时。美国推出全民医疗保险（Medicare）的时候受到了很大的阻力。在抗议的游行中，人们愤怒地挥舞着"政府之手不要干预医疗保险"的标语，但这很矛盾，因为医疗保险本身就是政府的项目，没有政府就没有医疗保险。民众愤怒是因为他们认为自己受到了不公待遇，他们认为政府挪用自己辛苦赚来的税款，来供养那些想躺平的人，政府在差别对待他们。因此，"政府之手"实际体现了他们对联邦政府的不信任，而不是针对管理医疗保险的机构。所以即使有人指出医疗保险就是政府的项目，也不会有任何实质性的作用，因为这并没有触及人们真正在意的东西。

我们还可能冲动地将这些人直接看成过于情绪化的人，而对他们不予理会。没错，他们的确很情绪化，但该情感源于一个具体且复杂的逻辑体系，这个体系将对方"部落"紧密团结在一起。我们在第2节讨论过，他们表露出的情感不是他们性格上的弱点，而是大脑在试图保护他们免受生理或社交方面的威胁。正如我们所知，这是会诱发真实痛感的。

在你看来不值一提的事情对你的受众来说可能就是致命的，他们会用尽各种方法避开。然而，故事能够让我们在脑海里尝试原本抵触的事情。当然，无论是否用故事说服受众，有些信念是不可改变的，例如根深蒂固的政治立场和宗教信仰。当你遇到顽固的思想时，并不一定意味着你必须举手投降，只不过需要另辟蹊径罢了。

传播学家简·普拉格（Jane Praeger）在哥伦比亚大学和她的研究生团队研究的课题就以这一点为核心，他们的目标是说服年轻的共和党员重视核能造成的危害。普拉格的学生没有试图用自己的观点说服对方，而是进行了大量的采访。在倾听受访者讲话时，学生没有进行主观的判断，因此能够从年轻的共和党员的视角来看待世界。他们很快意识到，要想成功说服对方，就必须在情感层面上与其产生共鸣。根据调查，学生们发现，核能对环境保护产生的负面影响并不能够说服年轻的共和党员，观点应该从国家安全的角度出发，对核电的使用质疑。

"核能是 100% 安全的，不会造成环境问题"这个观点并不是学生们要挑战的误念，因为这直接挑战了这群年轻的共和党员的信念体系。他们真正持有的误念是核电站不会对国家安全构成任何威胁。学生们发现，对这些年轻的共和党员来说，最重要的是家庭、人身安全和国家安全。因此，普拉格的学生向受众指出："许多核电站的安全性并不高，发生了多起安全事故，而且恐怖分子曾考虑袭击核电站。"为了进一步突出对受众个人的影响，学生们点明，附近的印第安角核电站距离曼哈顿只有 30 英里，如果核电站爆炸了，他们也会受牵连。和"像女孩一样"宣传活动类似，普拉格的学生没有因为年轻的共和党员认为核能无害而贬低对方，学生也没有说教式的告诉他们应该怎么想或者怎么做，他们没有说"喂，现在你知道危险所在了，你必须反对使用核能"。相反，他们把决定权留给了这些年轻的共和党员，学生们只是建议他们，考虑到使用核能的危害，开发并利用可替代能源也许是个可行的方案。但受众的想法是否会改变，最终决定权还是在他们自己的手里。

最终，这些年轻的共和党员改变了主意。

仅凭"新"是不够的

那么是什么阻碍受众改变观念呢？首先要排除一个听起来似乎极为正确的答案："因为他们还没听说过我们的产品或想法。"人们很容易会认为，别人不用自己的产品，不相信自己的事业，不接受自己的想法，唯一的原因就是对方还没有听说过，所以只要让受众了解相关信息，对方就会俯首帖耳，全盘接受。

故事工具

不要以为别人不用你的产品，不相信你的事业，不接受你的想法，唯一的原因就是还未听说过。

只有当你的行动号召是受众一直渴望，但从未奢求其成为现实的梦想时，故事才会有这样的奇效。若是你能发明一款可以移除糖果中的卡路里的应用软件，你只需要担心人手不够，应付不过来。但若是做不到这点，却还以为别人会立刻接受你的观点，那可能就麻烦了。

让我们重温一个经典案例。1947 年，当速溶蛋糕粉首次被推出时，包装上的宣传标语是"只需加水搅拌即可"。市场上从未有过这样的产品，这种速溶蛋糕粉既便宜又省时，谁会不喜欢呢？但这些产品还是滞销了。

推出该速溶蛋糕粉的通用磨坊食品公司聘请了几位心理学家来找问题所在。原来，家庭主妇习惯于从头开始烘焙，她们想用自己的配方制作蛋糕粉。但是此蛋糕粉的出现让主妇们觉得自己没有发挥作用，甚至都不好意思说蛋糕是自制的，因为在这个过程中她们除了倒水和搅拌什么都没做。

问题与速溶蛋糕粉本身无关，而是在于烘焙者使用产品后对自己产生的看法。这一问题是如何解决的呢？通用磨坊食品公司去掉了配方中的鸡蛋粉，改良后的速溶蛋糕粉需要烘焙者亲手打入新鲜的鸡蛋。现在随便在一家超市的烘焙货架上都能看到改良后的速溶蛋糕粉的身影，可见改动效果极为显著。

通用磨坊公司从前所犯的错误是他们的故事展示的是他们眼中的受众，我们可以使用下面这个简洁的模板来解构这个故事。

误念：人人都怕麻烦（加水，然后放进烤箱，还有比这更简单的事吗？这款产品肯定会畅销的）。

事实：人们不希望自己做的事情变得太容易，这会让他们觉得自己毫无价值（我烘焙是为了向家人展示我有多爱他们，使用速溶蛋糕粉感觉就像在作弊。傻子都做得了，那我是什么？）。

觉醒：每个人都需要参与感，这是他们的使命感和真实感的来源（省事固然好，但不必坐享其成。显然，就像欧美谚语说的那样，不打碎几个鸡蛋是做不成蛋饼的，蛋糕也是如此）。

转变：我们所要做的就是去掉鸡蛋粉，这样顾客就会获得参与感（我们降低了成本，顾客购买的产品数量比原来多得多，这就是双赢）。

通用磨坊公司推出的新号召很简单："加一颗鸡蛋"。

这个故事告诉我们什么呢？通常情况下，肯定存在某些原因让受众抵触，只不过你还没意识到，所以你必须花时间来确定究竟是什么引发了受众的抵触情绪，不然怎么能创造一个化解抵触情绪的故事呢？

他们为什么不直接说

你可能在想，我现在已经如此了解受众了，为什么不能直接问他们，让他们直接告诉我是什么阻碍了他们接受我的想法？好主意，但可操作性有限。如果能找到那些家庭主妇，面对面问她们为什么不买易于操作的速溶蛋糕粉，她们应该是说不清楚原因的。她们不是有意撒谎，只是在这种情况下，即使是最坦诚的参

与者,也会出现以下问题:

- 对方会揣测你的想法,并说出你想听的话。
- 对方不会承认那些他们觉得自己做得不对的事情。
- 对方坦诚告诉你的不是真正的原因。
- 对方也不知道真正的原因。

可以肯定的一点是,无论受众给出什么样的理由来解释他们的抵触情绪,永远都不会是真正的原因。因为,虽然大多数人知道自己想获得什么样的感受,但是往往不清楚究竟怎样才能获得这种感受。我们稍后会讨论如何解决这一普遍存在的问题,在这之前,我们先列出受众普遍的思考过程,从表层的逻辑因素分析到深层的情感因素。

我的朋友珍妮·纳什(Jennie Nash),也是我的同行,经营着一家名为"作者加速器(Author Accelerator)"的图书写作辅导机构。珍妮曾经分析过作者不去聘请写作指导的原因,其实作者的最终目的很明确——想写一本书。那为什么不雇个写作指导呢?最表层的可量化的原因(逻辑因素)很明显——价格,因为服务价格太贵了。但研究表明,价格不是真正的原因。

那是时间吗?作者加速器要求作者遵守各种截止日期,但这种要求对作者其实有好处。正所谓效率是第一生产力,而且作者还为此花了钱。有了截止日期,他们就会对作品更加认真,觉得自己是一名真正的作者。

是害怕反馈吗？也不是。作者想要反馈，因为这会让他们少走弯路。而且写作是一项孤独的工作，有人了解他们的故事，并像他们自己一样关心这个故事，这是吸引他们接受辅导的主要原因。

如果原因不是外部的可量化因素，那么问题就变成了作者想要"感受"什么？

他们希望自己写的书和由此获得的成就只属于自己一人，那是他们自己的声音、自己的故事和自己的体会。他们担心聘请指导后，这些就不再独属于他们自己，担心作品会失去自己的声音。而写作指导会把控作品的走向，一旦读者发现作者聘请了写作指导，不仅会让作者丢了脸面，而且他还会失去最想要的东西，那就是成为创造者，写出值得受到关注的作品。

事实证明，这才是真正的绊脚石。人们错误地认为，如果你需要帮助，就表明自己没有写作能力，这比作品销量不佳还丢脸。真正的作者应该能够独立完成作品，如果借助了外界的力量，作品就不再专属于你自己了。

我对珍妮告诉我的这个故事深有体会。曾有一名年轻的作者与我合作，她是我见过最有才华、最成功的作者之一。在她的第一部小说发表时，她恳求我不要让任何人知道我们合作过，她老练的经纪人和严谨的出版社都这样建议。他们担心与我合作会玷污她在读者心目中的形象，读者会认为她并不是出版社所宣传的写作天才。

但这名作者确实是个天才，我只不过帮助她深入挖掘了她想讲的故事，故事和作品都是她本人创造的。尽管如此，经纪人和出版社还是担心我对作者的帮助会在某种程度上影响她和她的作品在公众心目中的地位。会有人这样想吗？如果读者读完一本特别喜欢的小说，读过致谢，看到作者感谢那些帮助过她的人之后，难道他会想："我就知道她不是一个真正的作者？"

然而，这位作者和出版团队确信会发生这样的情况，作者也因此感到沮丧，感觉自己是个骗子，就算事实并非如此。最后，这位作者鼓足了勇气向我承认了这件事。通常，我们最不愿意承认的就是让自己感到脆弱的事物。但很矛盾，承认弱点恰恰是我们可以在别人眼中成为英雄的原因，我们很快就会在接下来的例子中验证这一点。主人公的弱点是故事的生命线，没有什么比承认自己的弱点更困难，更直击人心。为了讲好故事，主人公必须做到直面误念、战胜误念。

下面就是一个典型案例。

案例分析：6号汽车旅店

1986年，乔·麦卡锡（Joseph McCarthy）接任了6号汽车旅店CEO的职务。他知道旅店面临着一个现实的问题——入住率每年下降两个百分点，因此，麦卡锡必须迅速采取措施，扭转局面。他聘请理查兹集团（The Richards Group）的斯坦·理查兹（Stan Richards）设计宣传方案，阻止下滑的趋势，提高入住率。

理查兹在全美范围内招募了焦点小组，调研的对象在过去3个月内都曾入住6号汽车旅店，但是当问及他们在旅途中会选择住在哪里时，每个人都报出了其他连锁汽车旅店的名字，唯独没有人提到6号汽车旅店。研究人员又让他们回忆了一遍，这次依然没有人提到6号汽车旅店。研究人员急了，又问了一次："是不是还有一家连锁旅店你们没说？"提示如此明显。此时，受访者已筋疲力尽，却仍没有人想到6号汽车旅店。

就在研究人员准备叫停，结束会议，重新考虑他们的策略时，一名受访者举手发言："如果时间很晚，我会住6号汽车旅店，这样就可以省下些钱来买汽油。"

说这话需要真正的勇气，因为她冒着被别人轻视的风险。然而，在她开口后，别人也鼓足勇气说："我也会这么做，省下钱来给孙子买礼物。"

理查兹说："人们好像打开了话匣子，陆陆续续地分享住在6号汽车旅店的经历。我们这才意识到，这群人一开始不说，只是因为不想让房间里的其他人觉得自己很小气或者很穷。可是在他们互述故事时，从最初的忐忑变成了骄傲。住在6号汽车旅店不是因为自己小气，而是因为节俭。"

他们本以为会让他人瞧不起的事情却让自己成了英雄，而那个第一个开口的人最勇敢,她是最伟大的英雄,因为她敢于承认可能会让自己感到难堪的事情。换句话说,她愿意展露自己的脆弱。这样做很冒险,但得到了他人的回应。事实证明,住在6号汽车旅店并不尴尬,而是一件值得骄傲的事情。她怎么知道的?通过观察自己"部落"其他成员的反应,其他人立即开始讲述类似的经历。她说出了其他人不敢说的话。

理查兹现在明白了两件事:第一,必须克服的误念。住在6号汽车旅店会令人尴尬,因为价格很便宜,而且连锁旅店的名字就是在宣传其低廉的价格。6号汽车旅店最初因每晚仅收6美元而得名,这对酒店而言是个大问题。第二,解决办法。保留其节省花销的优点,但需要重新组织宣传语,因为小气和节俭的意思完全不同。小气意味着吝啬,而节俭是良好的美德,可以省下钱为可爱的孙女买个毛绒玩具。

一开始,受访者都不愿承认自己住过6号汽车旅店,因而可以肯定,目标受众也会因此感到尴尬,所以不会向亲朋好友滔滔不绝地讲述他们在6号汽车旅店度过的夜晚。那么怎么应对呢?如何将劣势转化为优势,让疲惫的旅行者成为故事中的"英雄"?

要是听信老派经济学家的建议,那只需理性地告诉受众6号汽车旅店的性价比有多高,那样旅店的房间很快就会被订满。然而,经济学提出的人的逐利本性并不是一直管用,就像妈妈在你小时候就告诉你的那样，钱并不能代表一切。

焦点小组成员最在乎的不是省钱，而是避免受到歧视。

理查兹集团需要用一个故事来表明，住在6号汽车旅店并不代表着你是一个吝啬鬼，也不代表你是个穷光蛋。因此，他们拟出了一个以汤姆·博德特（Tom Bodett）为主人公的广播宣传计划。博德特当时是美国国家公共电台鲜为人知的主播，时任理查兹集团创意总监的大卫·福勒（David Fowler）说他拥有人们会立刻爱上的声音，妙语连珠但又十分接地气，与众不同，所以博德特成了他们朴素风格的代言人。他讲述的故事是：住在6号汽车旅店并不意味着你小气，反而意味着你很精明，没有为酒店华丽的房间和冰冷的大理石地面买单，而是把钱花在了更重要的地方，比如孩子的教育。

他们选择博德特的另一个原因是他的声音听起来像旅店目标受众的一员。福勒打电话邀请他时，博德特问："为什么是我？"福勒毫不犹豫地回答："因为你听起来像是会住在我们旅店的人。"博德特沉思了一会儿说："我的确住过你们旅店。我家境普通，所以一直比较抵触虚伪和浮夸，我做广播始终也坚持这个理念。"

博德特的表现超出了预期。在他的第一次录音中，他即兴录了一句话，自那以后，这句话成了6号汽车旅店的号召——晚上不关灯，等你来（We'll leave the light on for you）。在2007

年《广告时代》(*Ad Age*)的一次采访中,博德特解释了这句话的含义:"我认为'晚上不关灯,等你来'这个号召之所以成功,是因为这是我们平时跟家人说的话,是发自内心的,非常真诚。"

没错。在远离家乡的黑夜里,有哪个孤独的旅行者不想找个安全的避风港?知道有人关心你,为了等你回来,而特意留着灯是多么抚慰人心,而且这个人还了解你真正的需求,帮助你实现目标。

6号汽车旅店从此蓬勃发展。理查兹说:"尽管6号汽车旅店的开支大大超过了其他经济型旅店,但与竞争对手相比,6号汽车旅店仍然被客户认为是性价比最高的旅店。由此,公司的业绩维持了长达30年的增长。"

这就是一个完美故事所带来的力量。

误念:住在6号汽车旅店意味着你很小气。

事实:住在6号汽车旅店意味着钱要花在更有意义的地方,而不是浪费在华而不实的设施上,省钱是为了将钱花在真正重要的事情上。

觉醒:我住在6号汽车旅店,不仅表示我很精明,同时还证明了我的价值观。6号汽车旅店真的很懂我,难怪他们会为我留灯,我们的想法是一样的。

转变：我不仅会住在 6 号汽车旅店，还会向我的朋友推荐，不然他们可能会像我过去那样敬而远之。分享的感觉真不错。

深入了解原因

要想说服对方从完全不同的角度看问题，让对方承认自己内心深处的恐惧和担忧绝非易事，就算对方是自己的配偶、老板或喜怒无常的孩子，哪怕是一对一的访谈也很难做到这一点。正如我们所了解的，人们不太可能立刻暴露误念，因为他们自己都不知道这个误念的存在。你已经对受众做了充分的线上行为研究，以此为基础，你足不出户，就可以做一个假想的实验（一切都在你的脑海里进行）。

实验由简单的提问开始，要基于行动号召进行提问，就算问题只是停留在表层，比较笼统也没关系，因为它可以给你一个切入点，让你继续深入挖掘，不停地问"为什么"。受众在解释自己的行为和决定时，一开始给出的答案肯定是比较浅显的，背后往往隐藏着更隐秘、更强大，也更难触及的动因。

让我们从表面开始，逐层深入了解对方行为背后真正的原因。我们将从杰克（我随便编的人物）入手，问他大概想要些什么，以及为什么想要。准备开始了：

我们："你想要什么？"

杰克："我想赚很多钱。"

我们："为什么？"

杰克："因为我想过更奢侈的假期。"

我们："为什么？"

杰克："因为我想多花些时间和家人在一起。"

我们："为什么呢？"

杰克："因为最近我们疏远了。"

我们："为什么？"

杰克："因为我最近在工作上花的时间太多了。"

我们："为什么？"

杰克："因为不能带家人去度假的人都是失败者，如果我是个失败者，我的家人肯定就不会爱我了，我也不会爱这样的自己的。"

我们："杰克，我抱抱你吧。"

误念：我必须维持每天 24 小时的工作，这样我的家人才会认为我很成功，才会真的爱我。

事实：家人与我疏远，因为我总是在工作，没时间和他们相处。

醒悟：这不是钱的问题，而是与家人相处时间长短的问题。

转变：我会减少工作的时间，也许可以应孩子们的要求，在海滩过一个开销小一点的小长假。

显然，这是想象中的对话。采访的关键在于不断提问，越来越私密，迫使杰克逐渐提供更加诚实的回答，并更准确地表达情感。

更确切地说，这次成功取决于我强迫自己走出固有的思维定式，换位思考，从杰克的角度来想象驱使他这么做的原因究竟是什么。

这是一次在脑海中的想象。虽然刚开始的时候你可能会担心失败，但你已经花了这么多心思，也对目标受众的世界观有了更进一步的了解，很可能你已经与他们产生了共鸣。要相信你对他们的认知是正确的，在问答的过程中你的直觉可能还会洞察到别的信息，要相信你的直觉。

另一个有用的技巧，在你试图弄清楚事情的真相时，你可以不断地问："然后呢？"假设你的儿子刚学会开车，就一边开车一边发短信。你告诉他这有多危险，给他转述事故的统计数据，让他看可怕的车祸视频，直到他发誓不再开车时发短信，你才作罢。但一查话费账单却发现事实并非如此，是因为他年轻，听不进去劝，认为自己坚不可摧吗？也许吧。但或许我们可以通过深入思考，挖掘出真正驱动他这么做的原因。

下面的例子是一个想象练习，现实中十七八岁的年轻人不太可能会像练习中的主人公这么坦诚，但他的内心确实是这么想的。无论你是真的和对方交流，还是在自己脑海里假想，无论你的受众承认什么事情，都不要评判他们，除非是违背道德的。

你："为什么开车时发短信？"

他："很安全的，妈妈。如果不安全，我就不会站在这里了，对吧？这叫多任务处理。而且如果我开车时不发短信，我就没法立即回复朋友的信息了。"

你:"然后呢?"

他:"他们会认为我不重视他们。"

你:"然后呢?"

他:"他们可能会生我的气。"

你:"然后呢?"

他:"贝基会给别人发短信,马利克也很喜欢她。"

你:"然后呢?"

他:"妈妈,我会被排挤的。明白了吗?"

你:"明白了。"

请注意,在我们的假想中,母亲没有批评她的儿子,最起码没有开口批评。当然,我们每个人在坚信自己是正确的一方时,都会在心里默默地批判对方。母亲知道儿子所做的事情错得有多离谱,因此也不例外。但是她很明智地把这些想法藏在心里,因为一旦她表露一丁点儿这种想法,儿子就会立刻闭嘴,她永远也不会知道真相。要不是知道了真相,她也不会不去评判儿子,反而想给他一个大大的拥抱。为了问出真相,她只是继续深入,问一个中立的问题:"然后呢",直到发现儿子表面行为背后隐藏着的真正原因。

此时此刻,她才意识到为什么现实中开车时发短信的可怕案例都被置若罔闻。因为这些事实并没有触及她的儿子开车时发短信的真正原因。孩子开车时发短信并不是因为他玩世不恭,感觉自己无敌,而是因为他觉得可能会错过一些重要的信息,担心如果不马上给女朋友回短信,对方会觉得总是秒回短信的马利克更喜欢自己。

这个信息重构了要解决的问题。解决问题的关键绝不是要让孩子了解分心驾驶的危险,而是要消除他的恐惧。他觉得每条短信他都要立即回复,否则会失去女友,在他看来这甚至重于生命。

孩子发短信到底是为了什么?以上就是这个问题的答案,同时也是这个故事需要根除的误念。我想补充的是,我们成年人也有这种误念,因为青少年在开车时发短信的另一个重要原因是他们看到父母一直这样做。

说真的,如果你儿子新交的女友可以等,那么老板也可以等的,对吧?

这是一种建立同理心的练习。在以上情景中,母亲看出了儿子为他开车时发短信找的借口只是表面原因,然后她深入了解到了更深层次的原因——他认为如果不这么做,可能会失去一些重要的东西。这也让她感受到了儿子的焦虑、渴望和担忧,因为她想起了在自己的生活中也会有类似的情况发生,让她感同身受。我们有时候不愿意承认,但是彼此之间的共性是非常多的。

故事工具

不要急于告诉你的受众他们的误念错得多离谱,要相信你的故事能说明问题。

即使你深入了解驱动受众行为的原因,在这之后,你仍然可能想立马指出他们的误念错得多么离谱。我知道你这么做是出于好意，但请忍住这种冲动，要相信你的故事能说明问题。如果那位妈妈迫切地说："我知道你觉得自己必须马上回复贝基的短信，否则就会失去她，但是其实……"话说到这里儿子可能就不会听了。因为妈妈在告诉自己应该怎么做。因此，你需要讲一个故事，能让你的观点直接灌输到受众的大脑里去。

开启新的章程

让我们回到我们的堆肥活动中去，看看我们是否能找出受众的误念，并以此来确定一个可以被我们的行动号召所解决的问题。

首先，回顾一下行动号召。我们希望鼓励受众（以汪达为代表）利用后院堆肥，让食物残渣转为有机肥料：

- 将食物残渣堆制成肥料。
- 与其把树叶装袋扔掉，不如用于覆盖后院的花丛。

我们知道，虽然汪达非常关心气候变化，但是应对气候变化要做的事情非常多，让她不知从何下手。事实上她做的事情也许并不多，而且她平时还很忙。因此，尽管汪达认为我们说得很对，也会认真听取我们的行动号召，但很可能她会一再推迟到"明天"再落实，最后不了了之。问题的关键是日常生活中做不完的事情让她难以改变现状，更别说让世界在未来变得更加美好，对她而言这只是一个模糊的愿景罢了。

所以很明显，让汪达自愿承担一个新的任务是行不通的。相反，我们应把重点放在她现在正在努力解决的那些个人问题上。由于我们对许多父母的担忧进行了网络调研，研究是什么使他们彻夜难眠，而汪达正是我们构建的代表性人物，我们可以确定汪达目前面临的难题是什么。我们了解到，有很多像她一样的父母不想让孩子长时间地玩手机。他们觉得，如果孩子们能花更多的时间和家人进行户外活动，那就更好了。他们希望找到一个花钱少，而且全家都能参与的活动。但孩子们的课业压力太重，根本没有时间。

也许汪达的误念是关于孩子的，这也是她的问题所在，她担心孩子无法在这个世界上生存。尽管她很想花更多的时间和孩子一起在户外活动，但考虑到必须帮助孩子为巨大的生存压力做准备，就不能腾出时间来玩耍了。因为游戏不会帮助孩子们获得在21世纪生存和立足所需的技能。

但如果可以呢？如果能让我们所号召的行动听起来像做游戏呢？

这意味着我们可能需要进一步确定想要实现的目标。我们的目标原本是让更多的人将食物残渣堆肥，并在他们家后院的花园中使用树叶覆盖料。但我们知道，不是每个人都是园丁（汪达那么忙，她可能压根儿不会打理后院）。然而，每个人都可以通过培土来减缓热岛效应，进行碳捕集来帮助减缓气候变化，只要不直接把落叶丢到垃圾堆里就能做到。但是有什么方法可以让这件事变得有趣呢？

我们寻找的方法要能让汪达在听从号召的同时获取益处，能够帮助她解决面前的难题。如果我们发起一个活动，号召她不再把树叶装进袋子里扔掉，而是贡献给社区花园，效果会怎么样？这是一个全家都能参与的活动，重点是可以用类似游戏的方式解决一个重大的问题。这不仅仅是一项有意义的活动，还可以让孩子们理解原本枯燥的信息，教会他们如何应对气候变化，让孩子们获得实践经验。这件事还能把大家聚集在一起，让孩子们远离电子设备，赋予他们友爱和使命感，巩固社区关系，一起享受跳进树叶堆里的乐趣。

误念：课外活动只会给我和孩子们的生活带来更多的压力，意味着待办事项清单上又会多出一件事。21世纪是没有时间进行娱乐的，忙才是常态。

事实：和孩子们一起捡树叶，装进袋子里，供社区花园使用，可以让孩子们学到很多课外本领，寓教于乐。

觉醒：我们有时间做这件事。我们本来就需要捡落叶，但现在做这件事让我有种使命感，这让我觉得和孩子们一起为应对气候变化做了贡献，我还教会孩子们如何保护地球，培养主人翁意识，与大自然和谐相处，与邻里建立良好的关系。

转变：也许我可以让整个社区都参与进来。如果条件成熟的话，可以考虑建设一个后花园（前提是孩子们要喜欢），我应该还没有忙到连打理一个后花园的时间都没有的程度。

问题解决了。请注意，我们想让她做的另一件事——厨余堆肥，在这个过程中完全没有提到。当然，厨余堆肥依然很重要，但其听起来并不能直接解决她面临的问题。让孩子们帮助她做堆肥，听起来像苦力活，更容易让孩子们转身跑去拿电子产品，而不是去拿堆肥桶。换句话说，试图说服受众改变自身的行为和与孩子打交道其实是一样的，要找重点，不能芝麻和西瓜一把抓。

你现在的目标是找出故事所要更正的误念。下一步将确定故事要表达的观点，一个能与你的受众产生共鸣的观点，不仅能让其意识到自己的误念，还能让他们明白，这种误念甚至让他们忽视了你所发出的行动号召能为他们带来的好处。

做一做

现在轮到你了。根据你的研究调查，假想一个主人公代表你所调研的受众。为了提高真实性，给主人公取个名字，然后花1分钟，让自己进入这个角色，感受对方在生活中面临什么样的处境，并确定对方的渴望和恐惧分别是什么。然后想象一场对话，这场对话的开端是对方为拒绝你的行动号召而提出的表面原因。在对话的过程中，你用"为什么"或"然后呢"来回应对方给出的每一个答案。找出号召内容与受众代表的世界观相冲突的地

方,然后,根据你收集到的关于目标受众的所有信息,深入研究两个问题:

- 是什么样的误念阻止了我的受众响应我的行动号召?这样做的目的是要准确找出激励他们的关键点,促使他们重新思考。
- 我的目标受众有哪些问题是我的行动号召可以解决的?

8. 你的故事要点是什么

> 人类的大脑是故事处理器，而不是逻辑处理器。
> ——社会心理学家 乔纳森·海特（Jonathan Haidt）

我常听说一些最伟大的想法是在鸡尾酒餐巾的背面诞生的。传说，一张草图和一两句话，就形成了西南航空公司、拉弗曲线、核磁共振扫描仪、《海底总动员》和《鲨鱼周》的雏形。无论这些传言是真是假，一张餐巾上有限的空间反而能够倒逼人们直驱要点，这令我感叹。

但是，在餐巾上勾勒灵光乍现的想法是一回事，剖析某个复杂的概念，将其梳理成简练的纲要是另一回事，两者之间存在很大的区别。前者从一张鸡尾酒餐巾出发，然后发散拓展，而后者则是把大量的信息精练浓缩，在餐巾上展现出来，这更为重要，能让你的故事既简洁又具有深刻的内涵。

现在的目标是汇总目前你对受众世界观的全部认识，将其凝练成一点，这就是故事的要点。仿佛引诱水手的海妖，你的观点要吸引受众，让他们自发地遵循你的行动号召。

问题是：你的故事的要点是什么？

我们所谈论的不是逻辑上的论点，我相信你随时都能非常快速准确地告诉我你的论点，因为这是你自己的观点，你肯定热衷于谈论此事。但故事的要点与此不同，你的故事要顺着受众的逻辑去挑战其误念。因此，故事的要点才会引起对方共鸣，揭示误念，让对方知道错在哪里。

故事的要点是受众的觉醒，它既不是陈述事实，也不是数据，甚至不用明确地说出来。无论是争论、辩论，还是专栏文章，它们都直陈要点，而故事与之不同，要点隐含在故事之内。事实上，故事的受众可能根本没意识到你在传达要点，因为他们会自己得出相应的结论，殊不知这是你精心引导的结果。

你的故事给他们带来的体验会帮你传递要点，让他们感受到你的想法、产品或服务对他们为什么有利。这不仅仅局限于表面的好处，比如，"如果你用我的牙膏，你的牙齿就会闪闪发亮"，更有内在的好处，比如"你闪闪发光的笑容会照亮整个房间，掩盖你因社恐而产生的尴尬"。

因此在本章中，首先我们将确定你的故事要点，然后再致力寻找能够有效传递该要点的情感。但有一个问题，为了传达故事的要点，你的故事得唤起什么样的情感？要点和情感在记忆中要能融为一体，让受众的大脑认为这是值得保留的，以备将来参考的信息。

这种情感会让你的受众离开舒适区，马上采取行动。例如，耐克的号召"说做就做"（Just do it），每次听到都能让我从床上爬起来。和很多人一样，这是我最喜欢的号召，因为这句话让我感觉一切尽在掌握之中。原本我脑子里有个声音一直在喋喋不休："虽然我也知道我应该'说做就做'，但我睡几分钟再起，外面很冷。"然而，耐克的号召一针见血地揭穿了一个真相，其他无数"选项"的本质都是不去跑步的借口。"说做就做"的号召让我专心致志地做完最终能使我产生成就感的事情，即使这件事很难。其实，这件事越难，我所获得的成就感就越大。这是一个虚构的情景，我并不是长跑运动员，但这句简单的号召多多少少是我现在坐在这里写这篇文章的原因，而不是查看电子邮件，或者走神思考今天是不是要去洗车。

你的故事的要点可以分解为以下几项：

- 改变你的受众对某事的情感。
- 由此改变他们看待某事的方式。
- 最终让他们渴望为此付诸行动。

消除了误念之后，你的受众终于可以看清事情的真相，就像护舒宝广告视频中的女孩在那一刻突然意识到，"像女孩一样"这种表述是一种侮辱，并决定为其正名。故事的要点是，传统的社会观念正在伤害你，你可以反击，我们与你同在。而那些疲惫的旅行者在那一刻突然意识到，住在 6 号汽车旅店并不意味着自己吝啬，而是代表自己精明。故事的要点是，我们知道节俭是正确的，我们会帮你做到这一点。这种认知让他们重新定位了自己的处境，使他们能够从中解读出大不相同的意义。正如著名作家艾略特（T. S. Eliot）所说："我们一切探索的终点是回到起点，并以崭新的目光看待这里。"

你的故事因此让你的受众感受到解脱，让他们可以感受到你真正想要表达的观点：这就是我的想法、产品或事业能够帮到你的地方。这也就是受众响应你的行动号召后，能获得的关键利益。

到目前为止，该利益可能已经与你最初的想法大相径庭。例如，"我不敢相信，我之前竟然以为候选人为选民带来的关键利益是遏制气候变化，可实际上，选民们最关心的利益是候选人能否重振当地工业的发展。"

你的故事从第一个词、第一幕场景开始，就需要为传递一个非常清晰、非常具体的要点服务。故事好比特洛伊木马，木马里面藏着观点，木马外面承载受众。一旦你的故事吸引了受众，他们就由你掌控了。因为即使受众意识到故事会刻意煽情，也无法抗拒故事的要点。所以在现实生活中，虽然我们有能力忍受生理剧痛而不落一滴眼泪，但是一条无糖口香糖的广告却可能让我们潸然泪下，不能自已。就像我非常喜欢说的那句话一样，因为我们生来就喜欢故事，当一个故事把我们牢牢抓住时，我们就只能俯首投降了。

让我们仔细研究下面这个案例。

案例分析：益达口香糖

萨拉和胡安的故事是一段 2 分钟的视频。广告的主人公是一对外貌出众的口香糖迷，广告记录了他们是如何修成正果的。高中时，萨拉给了胡安一块益达口香糖，开启了他们的故事。我们目睹了两人在接下来的 10 年里逐步建立起亲密关系。一路走来，两人的关系经历了看似无法克服的挫折，但他们总是因为一块口香糖而重归于好，口香糖仿佛成了弥合情感裂痕的橄榄枝。萨拉不知道的是，胡安保留着每张口香糖的包装纸，并在背面绘画。广告的最后，萨拉走进一家空无一人的艺术馆，所有的口香糖包装纸都镶了框，并排列展示在墙上。每张纸上都有一幅简单的线描画，是胡安多年来画的，按时间顺序记录了观众之前看到的每一个瞬间。最后一幅画是唯一尚未发生的场景，画上的胡安单膝跪地，举着一枚订婚戒指。看到它，萨拉双手掩嘴，泪流满面，转过身时，胡安就在眼前，正像画里那样单膝跪地，满怀希望地抬着头看她。不瞒你说，我在写下这些文字时不禁流泪了。这段视频在 2015 年 10 月 8 日发布后的一周内，获得了超过 700 万的 YouTube 浏览量和超过 7,800 万的 Facebook 浏览量，以及超过 110 万的转发量，当然，这也不出意料。

那么，这段视频的要点是什么呢？表面上看，这段视频只是讲述了萨拉和胡安关系的发展过程，从他们因一块口香糖而相遇，到他用 10 年来的每张口香糖包装纸求婚的瞬间。

故事真正的要点是一块小小的口香糖可以筑起一段相伴终生的关系，口香糖是把他们粘在一起的黏合剂。这则广告消除了受众的误念，即口香糖是低档的产品，吃完就丢，无关痛痒。

视频唤起的情感是什么？喜悦，伴随着难看哭相的喜悦，尽管我们知道这种喜悦其实很肉麻。故事的要点很清楚，是爱和口香糖将我们粘在一起，永远在一起。广告的行动号召是购买他们品牌的口香糖，它巧妙地将口香糖粘在了一种非常强大的情感上——喜悦。这种喜悦之情完全超越了大众心中对口香糖的固有印象——粘在鞋底或者 3 年级时用的课桌底下。

益达与护舒宝的广告截然不同。护舒宝对购买卫生巾之事只字未提，而益达的行动号召贯穿始终。由于益达口香糖多次出现在镜头前，而我们也熟悉广告的套路，所以在萨拉给胡安第一块口香糖的那一刻我们就知道行动号召是什么——购买口香糖。但我们并不抗拒，这是因为故事让我们全身心沉浸其中，在我们眼里口香糖不再取其字面意思，而是隐喻"黏合剂"。因此，每次我们看到口香糖，脑海里并不认为它是俗气的产品，而是一个象征，它象征着让胡安和萨拉排除万难，走到一起的永恒的爱。

坚持你的唯一要点

在你确定故事的要点之前,有一点需要注意。你可能会发现有价值的观点太多,因此很可能违反故事的黄金定律:要点只能有一个。受众的误念可以从多个角度证伪,我相信聪明的你也能想出许多的要点来应对误念。例如,咀嚼口香糖是毫无意义的,是一种低级趣味。这种说法可以通过以下任何一点来反驳:咀嚼口香糖可以抑制食欲、缓解压力、增强记忆力、保护牙齿、帮助戒烟、减少口臭,还可以帮助手术后肠道恢复。真的好多,而且这些都不是无稽之谈,都是经研究验证过的观点。

同样,我敢打赌,你现在就能提出无数精彩的要点来表述你的思想。我还敢打赌,每个要点你都爱不释手,因为你觉得它们全都是真理。

所以你怎么能只选一个呢?也许你想在你的故事中偷偷地加入2个、3个,甚至4个要点。4个要点难道不应该比1个好3倍吗?错。

之前说过,你的受众并不是"每个人",同理,你的故事也不能反驳受众抵制行动号召的所有原因。这样做只会搅乱局面,让受众搞不清楚你的要点到底是什么,或者认为你的故事根本就没有要点。

故事工具

如果让受众搞不清楚你的要点到底是什么，他们会怀疑你的故事根本就没有要点。

在听到故事时，我们的大脑期望有所收获，获取有助于我们在世上生存的东西——要点，而故事就是要表达要点。我们期望故事的情节全部朝着同一点发展，并最终支撑这唯一的要点，尽管在故事结束之前，我们可能并不确定要点是什么。但没关系，好奇心是吸引受众的重要原因。结果将是如何？剧情要如何发展？这种期待让我们全神贯注，但前提是故事必须环环相扣，要有条理。如果故事颠三倒四，朝几个不同的方向发展，想要同时顾及多个彼此脱节的要点，受众很快就会被绕得晕头转向，不知所云。

这种感觉就像你的朋友"大嘴"托德走过来，兴奋地开始讲一个所谓的"故事"。"你绝对不敢相信今天上班时发生了什么。我的老板跳到了桌子上跳探戈，然后跑出门，撞上了快递司机，司机掉了一大堆箱子。我本来想帮他把箱子捡起来，但我的室友打电话说他今晚要出去。我想起来我家猫跑了，是不是很像1997年我们在舞会上听到的那首歌？对了，那天晚上你表哥雷蒙不是和我们在一起吗？他人挺不错的。"你表面上点头微笑，但内心很想质问他："你为什么和我说这些？要点是什么？"

可以把要点想象成指引故事的指南针。当然，有时其他的观点可以服务于你的要点，例如，当萨拉和胡安初次亲吻时，萨拉给了胡安一块口香糖。但这条线只是刚好与故事的主线"顺路"，而不是让人偏离方向的"岔道"。如果亲吻后，萨拉立刻告诉胡安，嚼口香糖对她的叔叔希德的胆囊手术恢复有所帮助，那就偏离主线了。

要将注意力集中在一个特定的要点上，一切都要围绕你的受众可以获得的最大利益，以及让他们无法认识到该利益的误念，这样你的故事就会改变受众对你整个想法的认知。

这里，需要给大家最后提个醒，当一些人听到你的故事时，他们可能会感到恼怒、不安、惊慌失措。发生这种情况是好事，因为你之前已经考虑过哪些人不应该成为你的受众，你的故事讲得再好，他们也兴致索然。他们的反应意味着你前期工作做得很好。正如伊索所指出："试图取悦所有的人无法取悦任何人。"

事实上，你的故事越前卫越好，也就是大胆地捍卫你的受众，而不含糊其词、模棱两可，打擦边球。因为这表明你在背后支持他们，而且你从自己的信念中获得了勇气。你愿意将自己暴露于一个不利的境地，你承担了风险，从而证明你不仅是他们"部落"中的一员，而且还忠于"部落"。这样也会激发他们对你的忠诚，并促进最有效的社交宣传——口碑。

找到你的故事的要点

现在，我们来找那个难以捉摸的要点吧，以此打破受众的误念，让他们看到你能给他们带来的好处。

让我们回到妈妈试图阻止孩子开车时发短信的案例。如我们之前所定的那样，故事要克服的误念是：如果我不立即回复短信，发生不好的事情的概率是100%，而相比之下撞车的概率微乎其微。

那么，故事的要点可能是什么呢？事实是，虽然儿子认为他必须立即回复短信，否则会成为社会的弃儿，但大部分情况下，这并不会发生。你不能责怪他有这种想法，我们都会臆想"就怕万一"的场景，如果你不尽快回复，你的朋友或老板就会决定请别人来做那件你一直想做的事情，机会一旦错过就没了。这种事情确实可能会发生，就比你中彩票的概率小一点。那么，什么东西能够让你克服冲动，不再拿起手机，检查是否出现这种小概率事件？

这正是故事要揭示的，还有什么比立即回复短信更重要的事情？答案显而易见——继续活下去，同时也不会造成他人伤亡。等到你停下车再看手机，也不会错过什么。

这就是你的故事的要点，但你不能就这么说出来，必须让受众自己感受。

情感点：意义之所在

故事的目标是让受众有所感悟。情感能够为故事赋予力量，而且情感其实能为一切赋能。但即使我们讨论了这么多，我们仍然习惯将不同的情感一概而论。

因此，在你思考想让受众获得什么样的感受时，会倾向于笼统的情感。你想让他们感受到爱、恐惧和幸福，你想把他们吓得魂飞魄散，这样他们就不会再去吃那些该死的汉堡包，就能保护环境、拯救地球。除非这种情感能够诱发受众做出某个具体的改变，否则它就会立即消散。更糟的是，它还可能让你的受众误入歧途。比如，恐吓人们气候变化会加剧世界末日的到来。人们只会感到无助，而不是感觉充满力量，试图改变。人们可能会感到惴惴不安，以致一回到家，就会洗很长时间的热水澡，然后从45分钟车程外的一家餐厅点上美食，外卖还是用塑料泡沫快餐盒装的，多讽刺啊！

那些笼统的情感看似简单有力，其实它们不是"简单"，而是"简单"的冒名顶替者——"简化"。简单和简化之间有什么区别？

简单是经凝练精简的结论，结论背后有多层含义做支撑。"说做就做"很简单；"像女孩一样"很简单；"晚上不关灯，等你来"也很简单。这些标语中的每一条都挖掘了目标受众复杂、具体的内心叙述，讲述了引人入胜的故事。

简化意味着这些情感没有任何层次，非常浅薄，不值得挖掘。时代华纳的号召"享受更好"（Enjoy Better）就过于简化。享受更好的什么？比什么更好？请定义一下"更好"。汉堡王的"您的方式"（Be Your Way）过于简化，英文语法上也有问题。具有讽刺意味的是，他们放弃了过去更有效的号召，"我选我味"（Have It Your Way）。汉堡王负责全球品牌管理的高级副总裁费尔南多·马查多（Fernando Machado）介绍其背后的原因："我们希望从只注重产品的功能性发展到拥有更强的情感吸引力。"不幸的是，这则广告引起的情感只有困惑。最后一例也是我最喜欢的反例,来自美国国家猪肉委员会:"猪肉,启发灵感(Pork, Be Inspired)。"这个广告唯一启发我做的事情就是把它当成一个笑话讲,嘲笑它听起来多么荒谬可笑。

这3条标语听起来就像"大嘴"托德讲的话一样。你想摇晃着他们问:"要点究竟是什么?"完全看不出来。

因此,一旦你确定要唤起受众的哪种情感,就必须创造一个能将情感与要点有效结合的故事,让二者融会贯通。这一点是我再三强调的。我们的目标不是让受众产生情感波动就可以了,我们要确保每当受众想起你的要点时,就会自动产生这种情感。

故事工具

我们的目标不是让受众产生情感波动就可以了,我们要确保每当受众想起你的要点时,就会自动产生这种情感。

换句话说,要点要能唤起你想要引发的情感。要点要对你的受众有意义,成为他们故事的一部分。当你清楚了解受众的自我叙述时,你的故事只要两个词就能起效。你可以借助受众内心的叙述来填补空白,因为你清楚他们会从这两个词中解读出哪些情感、意义和观点。美国阿拉斯加州前州长、共和党前副总统提名人萨拉·佩林(Sarah Palin)在2009年就利用了这一点。当时她说,如果美国颁布《平价医疗法案》，随之而来的会是"死亡评估小组"（Death Panels）的产生。她凭直觉就知道，她的追随者的核心信念是"美国联邦政府不怀好意"。短短两个英文单词就会让受众联想到面目狰狞的官僚在评估自己亲爱的祖母，甚至还有自己病危的孩子，认定其没有生产力，不值得昂贵的医疗护理。短短几个字，勾起了人们清晰的想象，它背离人人都会珍视的概念：家庭、忠诚以及保护那些无法自理的人。因此，即使政治事实网站'Politi Fact'核查后判定"死亡评估小组"为"年度谎言"，那也没有用。故事刻在了人们心中，解释显得多余。

什么样的感觉和情感会冲破受众的阻力？美国印第安纳州南本德市前市长皮特·布蒂吉格（Pete Buttigieg）是同性恋，他决定在选举年向保守派选民宣告"出柜"，"信任可以得到回报，而你应当获胜且能够获胜的前提是知道对自己而言什么比获胜更加重要"。对你的受众来说，有什么比他们的误念更重要？对他们来说，什么比他们现在所做的事情更有价值？

布蒂吉格有勇气展示弱点，并揭示自己最真实的一面。在这样做的过程中，他触及了一个人性最核心的部分——爱。他说"出柜"是因为不想一生都不知道恋爱是什么感觉。他不是简单地号召一种笼统的情感，而是在谈论失去恋爱的体验，从而让我们去想象，如果没有心爱的人，我们的生活会是什么样子。他说，这种爱对他来说比权力更有价值。我们不都希望现实就是如此吗？难道我们不希望与我们持相同观点的人掌权吗？

布蒂吉格最终以 80% 的选票获胜。

案例分析：开车时发短信的青少年

回到开车时发短信的青少年的案例，我们思考的问题应该是对他们来说，什么东西的情感价值能超过他们在开车时接收朋友信息的意义。

这正是17岁的诺亚·德维科（Noah Devico）在决定创作短视频时问自己的问题。他的视频旨在劝说青少年不要在驾驶时发短信，并投稿参加了美国无线通信和互联网协会（CTIA）第五届"安全驾驶，无分心，无借口"青少年数字短片竞赛。

诺亚知道他必须挖掘受众的情感，否则不会有人关注他的作品，更不用说接受他的行动号召了。因此，第一个问题非常基础——究竟什么才能深深触动我们的情感？请注意，最开始的问题不是应该利用什么情感来表达我的要点？问题仅仅是我可以依靠什么来激起人们的情感？想到这里，诺亚偶然瞥了后门一眼，看到家里4条狗在院子里玩耍。他恍然大悟，狗能激发人们的情感！人们会对电影里出现的狗产生怜悯，如果剧情里的狗死了，观众就会为它流泪。狗牵动着人们的心，狗很重要！

这也是我自己最近在遛狗时思考的问题。我住在洛杉矶的一个社区，和当地的许多社区一样，这里也是"交通枢纽"，社区里有很多车。在上下班的高峰期，汽车不断地在社区里穿梭，寻找捷径。车子在住宅区里横冲直撞，甩尾飞驰。在使用导航之前，他们甚至不知道有这样的社区街道。我们社区有一条内部道路，虽然每个路口都有"禁止通行"的指示牌，却已成为司机最青睐的捷径之一。为了抗议，几乎每户居民都在草坪上竖起了标志——"慢点！家有萌宠"，提醒司机减速。

这让我很好奇，为什么这些房主不能直接写上："慢点！我住在这里！"难道房主们害怕表达自己的需求，不敢争取本就属于自己的权益吗？难道他们真的要躲在宠物的身后？

我采访诺亚的时候，发现答案很明确。没错，就是要让宠物站在前面。如果居民想让赶时间的人放慢速度，就需要这样做。因为那些超速行驶的司机会怜悯弱小、无辜的小动物。狗狗与房主不同，无法要求你去做什么，更不会居高临下对司机指指点点。而且，狗狗还会让人们感到安全，不仅仅是因为它们能够帮助我们抵御来自外部的危险，狗狗还能够拯救人的灵魂。狗狗永远不会说我们看起来很胖，或者因为我们狂刷17次《吸血鬼猎人巴菲》而看不起我们，这和我们内心刻薄的声音形成强烈的反差。当我们伤心时，狗狗从来不会站在对方的角度指责我们，也不会突然想起自己有个约会，要马上离开。这些事情都是人类才能做出的事。狗狗爱我们，爱我们的本质，爱我们的行为，每时每刻都爱，而我们也会回馈它们的爱。

人类与狗狗互相需要，狗狗照顾我们的情感，我们照料狗狗的生活。就这样，诺亚找到了他要在短视频中挖掘的情感——无条件的爱。在他的故事中，一只狗使这种爱具象化。

为了使他的要点深入人心，诺亚原本想让故事里的青少年因开车时发短信而撞死一条狗。这个情节具有戏剧性，能够吸引人眼球，而且令人痛苦，或许它会有效果。绝大多数劝说人们不要边开车边发短信的视频都讲述了某人悲惨地死去，可能是一个孩子、一个陌生人，甚至是肇事者本人。这么做合乎逻辑，因为美国每年有超过33万起交通事故是由分心驾驶造成的，超过3,000人因此而死亡，平均每天就会有11名青少年为此丧命。

如果单凭骇人听闻的故事就足够警醒世人，为什么还会有青少年在开车时发短信？正如塔利·沙罗特（Tali Sharot）在《被左右的独立思维》（The Influertial Mind）一书中所说："如果你想影响他人，让他人接受你的想法，给对方表扬或奖赏，要比说教或惩罚他们更有效。"

大多数反对开车时发短信的故事都展示了这么做的损失，而观众看不到不这么做有什么奖励。这些故事并没有号召我们帮助有困难的人，而是要求我们不要让自己陷入麻烦。

因此，诺亚想到，或许有更好的方式来传递自己的要点。而且他深知青少年叛逆不喜欢被要求，用吓人的故事来传递观点往往有些说教的感觉。

诺亚想讲的故事是，一位青少年挣扎着要不要回短信，但最终抵制住了诱惑，做出了正确的选择。诺亚的决定是明智的。根据最新研究，对选择的渴望是人类客观存在的本能，选择能够让我们产生幸福感。2010 年《认知科学趋势》（*Trends in Cognitive Science*）上发表的一项研究发现，在进行选择的时候，大脑会激活主管激励系统的神经回路。因此，如果你想激励某人采取行动，一定要让对方有掌控感，感觉能够自己做出抉择。

故事工具

如果你想激励某人采取行动，一定要让对方有掌控感，感觉能够自己做出抉择。

在诺亚的视频中，一个女孩与她的狗狗正在海滩上玩耍，她们之间显然很亲密。天色已晚，她们回到了车上，准备返城。狗狗坐在副驾驶，女孩启动汽车时，做了我们很多人都会做的一件事：伸手去拿手机。她看到有未读短信，立刻回复对方，同时驶入高速公路。短信的提示音丁丁作响，女孩沉浸在看短信和回短信的喜悦中，笑得很开心。女孩的专注点在手机上，其他事物已被她抛在脑后。她的狗狗关切地注视着她，但她没有抬头。狗狗在等待主人的回应，女孩却一直在发短信，对正盯着自己的爱犬视而不见。然后狗狗发出了轻微的哼声，不是嚎叫，只是种叹息声。这打破了魔咒，女孩在一个站牌前停下车，视线从手机上移开，抬头看着狗狗的眼睛，狗狗也回望着她。女孩摇了摇头，意识到自己之前对安全的疏忽。于是她把手机放进杂物盒，驾车重新汇入车流。要点非常简单，但不简化。

视频中并没有出现狗狗突然开口说话的情节，狗狗并没有阻止女孩正在做的事情。看着狗狗信任的眼神，女孩意识到，她不仅将狗狗和自己的生命置于险境，还威胁到了所有在路上的车辆。

醒悟后，女孩有了不同的看法，这也是诺亚的要点——最重要的事不是回短信，而是女孩和狗狗平安到家。尽管女孩和朋友们聊得很开心，但她依然放下了手机，至少15分钟不能碰手机呢！

要知道，对于女孩来说，这15分钟是一个切实的牺牲，多多少少会给她带来损失。在试图改变那些与我们世界观不同的人时，很容易忽略他们的既有行为对他们的意义是什么。对于青少年来说，他们的热聊群就是整个世界。在这15分钟里，群里可能会出现许多重要的八卦、玩笑和对话，而她却不能参与其中。

这就是诺亚决定让视频中的女孩在发短信时傻笑的原因，他知道并承认聊天给青少年带来的乐趣，以及重要性。但是诺亚并没有因此在视频中批评她，而是想表明，短信聊天确实能让我们感受到和朋友之间的联系，感觉受到了关注，觉得自己是群体的一分子，这是一种积极的感受。当然，在开车时发消息则另当别论。

放弃我们喜欢的东西去帮助别人，而且是帮助我们所爱的人，会让我们立即产生一种更深刻的情感，那就是做正确的事所带来的的价值感和责任感。再次引用塔利·沙罗特的话："如果你想影响他人，让他人接受你的想法，表扬或奖赏要比说教或惩罚更有效。"

诺亚创作了一个方方面面都堪称典范的故事，下面让我们来一起解构这个故事。

行动号召：不要在开车时发消息。

误念：最重要的是及时回复朋友发来的短信，以免被抛弃。

深入挖掘：被别人喜欢让你产生价值感，让你做最真实的自己。

事实：开车时与朋友发短信带来的短暂快乐不值得让人们冒生命危险。万一出了车祸离世，你反而会被永远抛弃。

深入挖掘：错过关键信息所导致的后果远不如开车时发短信那样严重，这也是从狗狗对主人的爱中能挖掘出的信息。

故事的要点：照顾你所爱的人和宠物比与朋友发短信所获得的快乐更重要。

深入挖掘：为了保证你所爱的人安全无恙而做出牺牲，搁置你想做的事情，会让你感到真正的快乐。

关键利益：最大的好处不是你能安全到家，而是你到家后会对自己的选择感到满意。

深入挖掘：自律和坚定的信念能让你始终对自己感到满意。

驾驭故事的情感：女孩爱她的狗狗，狗狗也信任女孩，坚信她对自己和狗狗的关爱会战胜与朋友发短信的欲望。

深入挖掘：故事的亮点，也就是观众真正的关切点是女孩内心的挣扎，她要在自己想做的事与自己应该做的事之间做出选择。我们将在下一章讨论，内心斗争是故事的冲突中最令人震撼的部分。

觉醒：如果继续发短信，自己的狗狗可能就会死亡。

深入挖掘：关乎己身，而且会立刻产生具体后果的事情具有更强大的激励作用。相比之下，虚无缥缈的事情能够起到的作用就很小了,就算这件事也许在未来会导致惨烈的悲剧,那也是如此。如果我们面临的仅仅是一个不知道会不会发生的悲剧,我们往往会像吸烟者一样,一边点燃香烟,一边说:"我当然知道抽太多的烟对身体不好,但抽完这根我还死不了。"

转变: 女孩自己做出了选择,不仅仅是放下了手机,而是把手机放在了杂物盒里,让自己拿不到。

深入挖掘: 做出这个选择需要勇气,而勇气能够振奋人心。故事让女孩在此时此刻做出正确的选择,而不是展示如果她不这样做会发生什么。因此,故事脱离了警示性叙述的模子,变成了效果更强大、一个讲述成功的故事。这不正是我们所希望的吗?战胜自我,成为一个英雄,尤其是一个狗狗眼中的英雄。

标语: 由你来决定要拿谁的生命冒险。不要开车发短信。

通过"由你来决定"这句标语,诺亚的视频做到了许多同类故事所做不到的一点,不仅让受众感受到他们为什么要改变,而且还赋予了受众改变和行动的力量。

但是,那个试图说服儿子不要在开车时发消息的妈妈呢?除了建议他看诺亚的视频以及同类视频,她还能做些什么?妈妈怎样才能说服儿子,证明他因小失大?

有个方法看似简单,实则不易。她可以承认自己犯了同样的错误,也曾有同样的误念。没错,承认自己的错误很难,但也很关键,会让故事更有意义。例如,妈妈可以告诉儿子,有一次她在开车时给老板回了条短信,因为她认为这可以向老板表明自己敬业。

她已经开了很多年的车了，所以确信这种行为很安全。然而，她没控制住方向盘，汽车突然转向，差点儿撞上一辆校车。等她的心情平静下来后，她松了一口气，车祸会产生的后果一下涌入脑海，她会给许多人带来痛苦，包括自己的儿子。妈妈可以继续袒露心声，承认即便如此，自己仍然很难控制住不在开车时发短信，所以现在她开车时会把手机调为静音，放在杂物盒中。

我们都知道展示自己的弱点对一个人来说多么困难，因此母亲立刻就能博得儿子的信任。请注意，她只字未提回老板的短信是否真的影响到了职业生涯，因为这并不重要。没有什么能比开车时发短信造成的后果更加严重，没有什么能够成为这一行为的借口。

她的故事和诺亚的公益广告一样，并没有羞辱她的受众。相反，两者都让观众感受到开车时发短信可能付出的代价，并且展示了做出另一种选择（不分心驾驶）会有多么美妙的体验。

这正是你准备好要做的事情，行动起来，真正开始创作你自己的故事。

做一做

根据你所发现的关于目标受众的全部信息，对以下问题进行分析：

- **为了颠覆受众的误念，你的故事需要提出什么要点？**

不要担心要点过于简单。你的要点甚至可能听起来很老套，就像诺亚的"不要在开车时发短信"的视频，它的要点仅仅是开车时发短信可能会让你丧命。直到他开始构建故事，脑海里才浮现出最适合表达自己要点的情景。女孩给朋友发短信，狗狗提示了她的错误行为，这些都是为了配合故事的发展。现在，你所要寻找的是你的故事要表达的唯一要点。

·什么样的情感能让你的受众明白？

确保你挖掘的不是某种笼统的情感，尤其不能让受众感到无能为力，而是要激发他们的动力。如果你对受众危言耸听，那么不管是讨论气候变化，还是开车时不要发短信，你可能都会遭到受众的抵触和反驳，没有人喜欢被告知该做什么事。基于目标受众的特性、社交圈以及珍视的事物，你要唤起什么样的情感才能让他们知道你已经听到了他们的声音，并且和他们站在一边？

第三部分

创造你的故事

9. 核心冲突

> 冲突是意识的开端。
> ——荣格精神分析师 玛丽·艾斯特·哈丁（M. Esther Harding）

在日常生活中，常常有人要求我们要专注于某事，然而大多数时候我们都会走神，尤其是有别的诱惑的时候，更是如此。毕竟，那些吸引我们注意力的东西不会事先征求我们的意见。而那些东西之所以能深深吸引我们，正是因为它们对我们来说很重要。

"专注"在英语里有一种说法叫"paying attention"（支付注意力），这里的"支付"其实是一个非常恰当的比喻。因为从生物学角度来说，我们集中注意力必须消耗能量。而吸引我们的事物给我们带来的利益确实高于我们付出的代价，因为它向我们提供了有用的信息，从而满足了我们的内生需求。在我们遇到不可避免的冲突时，这些信息能够帮助我们解决燃眉之急。当我们急迫地问道，

"坏了，现在我该怎么办"时，这些信息能告诉我们答案。

因此，故事总是围绕着不可避免的冲突缓缓展开。从进化学的角度而言，故事的目的就是解决冲突，无论是眼下的冲突，还是未来可能出现的冲突。显而易见，如果没有核心冲突，你就没有故事，也没有相应的受众。

事实上，你已经确定了故事的核心冲突，受众的误念和事实之间天然存在的冲突，通过这个冲突，受众会解决你为他们设下的难题。

任何一个引人入胜的故事，无论是30秒的商业广告片、公益广告，还是小说，其冲突的核心都不是反派或可怕的外在问题，而是主人公为解决外在问题而进行的心理斗争。

这并不是说外在问题不重要，外在问题当然很重要。作为我们无法避免的问题，外在冲突可以诱发故事，但是受众关心的核心冲突始终是内心的挣扎。

因此在本节中，我们将确认听到故事时，人们会本能地产生什么期待，并识别故事中吸引我们的具体要素。接下来，我们将深入挖掘你的故事，利用受众的误念来设置具体的外在问题，从而引出故事主人公内心的冲突。

令人感到讽刺的是，由于现实生活中出现的冲突，尤其是内心冲突，常常会为我们带来担忧和恐惧，这反而阻止了我们创造有效的故事。内心冲突意味着我们很迷茫，不知道现在能做些什么。而承认我们的困惑和不知所措是一件很可怕的事，因为社会把困惑感解读为弱点。就像《广告狂人》中法耶对唐所说的那样，我们一直挣扎在"我想做什么样的人"和"人们对我有何期待"之间。因此，我们创作故事时常常悄无声息地隐藏真正的冲突，误以为想要说服别人，自己必须表现出社会所认可的强大、坚定和自信。但是，承认弱点才是激励他人的唯一途径，弱点就是吸引你受众的关键所在。

尽管我们不愿意承认，但是我们每个人每天都在经历内心冲突，问自己现在到底该怎么做，这也正是我们来听故事的原因，为了一睹别人怎样解决这些我们避而不谈的冲突。大多数人没有意识到，当故事吸引我们的时候，我们就已经在同主人公一起经历和解决冲突了，故事中的情节就此内化为我们自己故事的一部分。

正如我们之前谈到的那样，我们渴望故事中发生冲突，因为这种冲突能让我们模拟尚未发生在自己身上的可怕经历，这样就可以未雨绸缪。由于我们本能地期待故事中的冲突，从故事开始的那一刻起，我们就在仔细寻觅冲突。即使故事表面风平浪静，我们也会这样做。我们可能会更加紧张，因为我们知道这只是暴风雨前的宁静，而这种悬念紧紧扣住了我们的心弦。

看警匪片的时候，如果电影刚开始，一位老警官滔滔不绝地絮叨他明天就要退休了，下半辈子要和孙子们一起钓鱼。他说今天本来是他上班的最后一天，但他自愿留下来加班，好让搭档能和丈夫约会。此刻你想的一定不是"他真是个好人，他的孙子们一定也很可爱"，相反，你的心紧张得怦怦跳，因为你知道在5秒内，一个疯狂的家伙会冲进警局，将这个好心的老头杀掉。因为你看过很多部警匪片，摸清了故事的套路，凭直觉可以预判即将发生的故事情节，也就是那个不可避免的外在冲突。

如果电影继续，而老警员安然无恙，只是处理了一些文书工作，然后打电话和他的孙子们一起讨论是抓大嘴鲈鱼容易还是抓山地鳟鱼更容易，无比平淡地感叹绑制毛钩时一定要用大眼粗针，或者讨论最新一集《和明星一起钓鱼》的内容，那你肯定会觉得索然无味，看不下去。这并不是说你想让老警察身处险境，而是如果你只是想听一段关于钓鱼的聒噪闲谈，你可以打电话给你叔叔，他会不厌其烦地给你讲野鸡尾若虫和仿生红虫蚯蚓作为鱼饵的区别何在。

每个故事的中心都存在一个核心冲突，故事一开始，我们就能充分感知到。这样我们就能确认，这确实是一个故事。正如我们在第4节所讨论的，我们还能本能地感受到冲突的两个不同层次。

- **外在层面**：发生的外在事件，主人公必须解决不可避免的困难。
- **内生层面**：由外在事件引发，主人公要解决内生冲突才能化解外在问题，这是误念与事实之间存在的矛盾。

这两个层面结合在一起，就能创作出令人动容的故事。

我们的问题是：什么样的外在冲突会让受众的误念与事实产生矛盾？

我们的目标是：明确外在问题，引发适当的内心冲突，让你的故事生动鲜明。

故事的基本模板

在开始之前，我想强调几点。我的职业生涯全部献给了故事创作，而我发现无论媒介如何，故事的特性是共通的。无论是只有 2 个词的故事、1 张图片、一段 60 秒的视频，还是一本上千页的传奇小说，承载故事的媒介形形色色，但故事本身都遵循一个通用的基础模板，由此说服受众。这让我回忆起了我的孩童时代，小时候我喜欢裙子，但商店里从来没有卖过我想要的华丽伊丽莎白式服装。我 14 岁时是个《指环王》迷，读完整套书后就对这种裙子情有独钟，所以我决定自己设计制作衣服。我在布料店里待了几个星期，仔细研究制版书籍，但那些样式和我心目中的样式差太远了。后来，我无意间找到了一个非常简单的样式。我突然想到我可以以这个样式作为框架，将它修改成一个全新的、我梦想中的样式。

故事的创作也遵循同样的道理。所有的故事都建立在相同的基础上，这个基础就是故事对我们生理机能的影响，以及我们对故事的渴望。我不是要讨论情节结构，而是根据自己几十年来对各种故事的研究，不断探索故事真正引人入胜的因素，进而总结一套基本的故事模板。你可以用这个模板来创作属于你的故事，不论故事的长短、以何种形式呈现，该模板稍加调整就能灵活使用。

首先，让我们从生物学的角度来分析一下，一个故事需要什么元素才能把我们引入它的世界。下面 3 个相互交织的元素能激活我们在第 1 节中所讨论的神经递质，将我们带入故事的世界。

故事元素：意外。主人公本以为接下来发生的会是这件事，却发生了另外一件事。主人公的思维模式被打破了，接下来应该怎么办？

生物反应：多巴胺。引起好奇心的神经递质骤增，激发了我们探索后续剧情的欲望。

故事元素：冲突。主人公别无选择，只能破釜沉舟。其后果会接踵而至，很可能产生糟糕的后果。

生物反应：皮质醇。产生压力的激素骤增，随着悬念的增加，我们感到紧张。

故事元素：弱点。我们同情主人公，希望他能够顺利突破困境。

生物反应：催产素。产生同理心的神经递质激增，让我们关心主人公。我们和他并肩，为他加油，希望他获得成功。

这是一种情感上的连锁反应，一个元素激发另一个元素，环环相扣，调配出一剂美味的"鸡尾酒"，令人无法抗拒、沉醉其中。我们与主人公产生情感共鸣，与他们感同身受。神经经济学家保罗·扎克（Paul Zak）在一项研究中发现了这一点，该研究评估了一个引人入胜的故事如何影响受试者，让他们为某项事业提供资金支持。扎克在学术期刊《大脑》（*Cerebrum*）上说："如果故事吸引了我们的注意，让我们沉浸其中，就能促使我们采取行动。即便故事结束了，也会继续影响我们的行为，因为我们已经把自己置身其中了。"

在现实生活中，我们总是喜欢回避坏消息和让人感到不适的信息。正如塔利·沙罗特（Tali Sharot）所指出的那样："人们更愿意听到能让自己舒心的信息，所以他们会努力寻找好消息，而规避坏消息。当人们怀疑坏消息即将到来时，他们可能会逃避，即使忽视这些消息可能会给自己带来伤害。"

这时，故事再次派上了用场。因为一旦某个故事吸引了我们，它就会给令人不安的事实和骇人听闻的消息套上振奋人心的包装。无论故事是温暖人心，还是令人心碎，都可以鼓动我们采取行动。扎克说他们做了一个关于敏感话题故事的测试，观察人们对可能令人不愉快的话题有何反应。研究证实，能够吸引注意力并产生情感共鸣的故事会让人们在听后给予资金支持，敏感话题也不例外。对大脑来说，好故事就是好故事，无论话题是快乐的还是悲伤的，只要故事中的角色能引起人们的共鸣就够了。

等一下，我该关心谁

故事的力量很强大，但你如何创造能够充分发挥这一力量的故事呢？

让我们分析一下已知条件：

- 有一个人（主人公，将经历冲突的人）。
- 有一个不可避免的问题（外在冲突）。

- 激发了一场内生冲突（误念与事实之间的冲突，也是核心冲突）。
- 带来一个觉醒时刻（主人公的觉醒时刻，也是你要阐述的故事的要点，让受众感受到你希望他们体会的情感）。
- 引导主人公解决问题并采取行动（转变）。

主人公是我们在故事中的化身，是有能力解决问题的人。国际故事指导安迪·古德曼（Andy Goodman）说："故事最终可能会引发颠覆性的改变。但是，如果我们不能通过某人的视角看到并感知变化的发生，我们就无法与之产生共鸣。"

虽然故事的主人公一般是目标受众的替身（如前文所提到的汪达和开车时发短信的少年），有时主人公会让观众觉得他们自己才是英雄，是真正的主人公。例如，为了让更多的人认识到肯尼亚儿童缺乏纯净水，并为此筹款，慈善机构的"水即生命"（Water Is Life）讲述了一个4岁的肯尼亚男孩纳凯托里（Nkaitole）的故事。他们制作了一个2分钟的视频：由于饮用水不安全，纳凯托里有20%的概率在5岁生日之前死亡，所以他们决定帮助纳凯托里完成他的遗愿清单，万一不幸真的降临，到时就来不及了。这是一个已经写下遗愿清单的4岁小孩，我们看着这个眼睛大大的男孩做着那些在我们看来再平常不过的事，他想坐船、踢足球、坐飞机、洗泡泡浴、得到女孩在脸颊上的一吻……这一切都是他的初体验，也可能是他生命里的最后一次，他脸上毫不掩饰的喜悦令人心碎。他第一次看到大海的时候，眼睛亮了起来。看到这一幕，就算是铁石心肠的人也会不由自主地融化了。

纳凯托里是我们正在看的故事的主人公，他无法解决自己面临的困难，但我们可以。我们是故事中隐含的主人公，因为我们拥有主人公所拥有的属性——解决问题的能力。同时误念也存在于我们身上，而不是在纳凯托里身上。

误念：饮用水是安全且充足的，所以4岁的孩子的生命还很长，生命会很充实。

事实：因为并不是所有的饮用水都是安全的，所以许多孩子都活不过5岁。

觉醒：我们有能力帮助肯尼亚取得安全的饮用水，也许还能拯救纳凯托里（研究证明，如果该机构只是简单地陈述事实，即没有安全的饮用水，就会有成千上万的孩子活不到5岁，其效果将远不及讲好一名肯尼亚小男孩的故事）。

转变：我们将会捐款。

那么，谁会是你故事中的主人公？你已经设想了一个代表你目标受众的人。现在是时候让他们面对具体的难题了。

故事时间

接下来我们一起创作故事，了解创作故事的流程，我们将从一个产品开始。我们在第 6 节谈到的新型超轻碳纤维公路自行车，我们可以假设已经做完调研，自行车可以让目标受众从多方面受益。例如，自行车提供零排放的绿色出行，比汽车更加环保。虽然环境问题对人们来说非常重要，我们根据研究也发现，即时回报对人们更具吸引力，而未来不确定的好处则很难激励人心，所以，环保是说不通的。尽管我们可以证明骑自行车可以让你瘦身，但这也很难产生我们所希望的效果。

我们要寻找的是受众能获得的即时好处。骑自行车这项运动本身不就是一种好处吗？《纽约时报》健康与科学的作家简·布罗迪（Jane Brody）说这是她保持运动的原因："运动让我感到自己更有活力、适当减压、工作更有效率、更在状态，而且还更加快乐、更加乐观，也能更好地处理日常生活中难免遇到的挫折。"

她这样做不是因为要实现一些长期目标，而是因为这样做让她在当下感觉快乐。谁不希望这样呢？

但如果单凭这一事实就够了，我们早就去排队买自行车了。

那么，是什么误念阻碍了我们的受众去买自行车呢？

或许是这样的：

误念：尽管受众认为自行车对环境、他们的钱包和健康都有好处，但自己太忙了，将自行车作为主要的交通工具太折腾，不切实际。

事实：骑自行车给你带来更多的精力，而不是消耗。更深层的事实是，拥有更多的精力会让你感觉更有活力，能更好地处理生活抛给你的种种难题。

很好,但这些仍停留在概念性的层面。为了说服我们的受众,我们必须创造故事,让他们感同身受,并认清真相。我们回到这个问题——我们的主人公是谁?我们知道,我们的目标受众是那些想要购买高端自行车的城市上班族,我们的目标是说服他们骑自行车通勤。备选主人公如下:

- 一个每天回家筋疲力尽,无法照顾孩子的父亲。
- 一名被医生劝告要多锻炼、少吃药的高管。
- 一位疲于奔命,今天要做重要报告的职场女性。

请注意,在挑选故事的主人公时,我们要关注他们的心结所在:没有精力照顾孩子;没有精力工作;可能写不好重要的报告。请注意,他们都处于弱势,因此,容易引起同情。观众会与故事中的每一个人产生共鸣,因为他们也知道工作有多辛苦,清楚工作给生活的其他方面造成的影响。

如何选择正确的主人公?这可能是个令人害怕的问题,好像只有一个正解,其他的答案都是错误的。其实不存在完全正确的答案,这些选项中的任何一个都可能奏效。你再多花 5 分钟进行头脑风暴,就可以想出更多的答案,为你自己的故事,选择合适的主人公,然后就可以开始创作了。如果在接下来的步骤中发现这个主人公不太合适,那么,你还有其他不错的候选人,选择的余地很大。如果你有选择恐惧症,可以把每个候选人的名字分别写在小纸条上，放入帽子里，闭上眼睛，随手挑一个。很多事情都是这样，你选择什么往往不是最重要的，重要的是做出选择并继续推进接下来的进程。如果这次的选择是错误的，你也会从中学到一些东西，这将帮助你下次做出更好的选择。

我将挑选即将做报告的职场女性作为我的故事的主人公，我们叫她海泽（Hazel）吧。

故事中的主人公想要什么

所有故事中的主人公都是有欲望的人。故事的核心冲突围绕着主人公为此而付出的代价，不是金钱的代价，而是情感代价。如何获得他们想要的东西将是推动主人公前进的动力。你将要做的是创造一个外在难题，迫使你的主人公为了实现自己的诉求而重审自己的误念。

故事工具

所有故事中的主人公都有欲望。故事的核心冲突围绕着主人公为此而付出的情感代价。

我们试图根除的误念是把自行车作为他们的主要交通工具实在太折腾了，不切实际，而这个故事的目标是说服海泽（代表拥有同样误念的受众）事实并非如此。

那么，故事中海泽目前的需求是什么？

- 一辆造型精美、流水线型的自行车，这样一来，骑车就会轻松很多？
- 一份离她家更近的新工作，这样一来，骑自行车似乎不那么令人生畏了？
- 更加灵活的工作时间，这样她就可以喝杯咖啡，小憩一下，补充骑车上班所消耗的能量，还不会耽误她拿全勤奖？

你可能在想，这很容易，答案是第一个。不是的，以上的通通都不是答案。即使你已经做好了调研工作，有时候还是容易忘记，主人公想要的东西不一定与你的产品、想法或事业有任何关系，是不是很意外？因为这只是我们关注的焦点（在这个案例中，这个焦点就是自行车），所以我们很容易误认为海泽的关注点也一样，但她压根就没考虑过我们的自行车，甚至没考虑过任何牌子的自行车。我们才是执着于自行车的人，也是一心想要打消她的误念的人。在她看来，骑自行车很累不是误念，而是她已经接受的事实，迄今为止她从来没有反思过或质疑过这一点。

那么，到底有什么东西让海泽不仅渴望，而且为了满足这一点不惜重新反省自己的误念呢？现在我们对海泽的了解是，她今天要做一个重要的报告，这与骑车通勤没有任何关系。骑车可能是她最不想做的事情，因为要想做好报告，精力充沛和休息充足才能确保思绪敏捷。这意味着我们不仅要想办法在故事里加入自行车,而且必须以某种方式让自行车帮助她获得想要的东西。

在此之前,让我们先来看看故事的模板。一旦你知道你的受众想要什么,就可以将其精简为会心一击。2013年,汽车品牌斯巴鲁(Subaru)正是这样做的,他只用了一句话。

案例分析:斯巴鲁

斯巴鲁是一个以重视驾驶安全,不去迎合时尚潮流而闻名的汽车品牌,许多消费者称自己能活下来是得益于斯巴鲁轿车的性能。斯巴鲁想要在2013年的广告中宣传这一理念,让其目标受众意识到,无论是对汽车还是对人而言,外观只是过眼云烟,真正重要的是谁会帮你渡过难关。

斯巴鲁确定他们的目标受众想要的东西每个人都渴望,但似乎不可能实现,比如可以在灾难性的车祸中幸存下来。

误念:如果你卷入一场重大的车祸,你就死定了。

他们的受众相信这一点,而斯巴鲁创作故事的目标是一举打破他们的误念。以下是这段30秒的广告:在一场可怕的事故之后,镜头转向残破不堪的汽车残骸,通常这是汽车广告中的禁忌。现在我们的注意力被吸引了过去，我们想："那些人真可怜，肯定活不下来了！"

很明显，屏幕上的拖车司机看到眼前的这一幕时也在想同样的事情，我们在他的眼中看到了怜悯。附近的一个警察注意到了他的反应并回应说："他们还活着！"他说话的时候几乎是满怀敬意。拖车司机惊讶地又看了一眼汽车的残骸，之后这个对话重复了两次，惊讶也上演了两次。第一次是拖车司机把残骸交给垃圾场的工作人员，第二次是工作人员和一个同事一起盯着汽车残骸运至分解站。你仿佛能听到有人说："那辆勇敢的车为了让主人活下来，献出了自己宝贵的生命！"然后你不禁落泪。你甚至可以说汽车本身就是故事的主人公，因为它有能力拯救这个家庭，而且确实做到了这一点。

最后，我们看到一个普通的四口之家，微笑着走出他们的房子，上了一辆崭新的斯巴鲁。爸爸看着摄像机说："我们还活着，多亏了斯巴鲁！"

谁都没有预料到他们还活着，除了这位父亲。只有他坚信这一点，这正是他们买斯巴鲁的原因。

事实：买对了车，你就能活下来。这是故事的要点。它激发的情感是敬畏、宽慰和信任。

觉醒：如果我买一辆斯巴鲁，它会保证我和家人在事故发生后安全无恙。

转变：最近的斯巴鲁经销商在哪里？

好了，现在注意力回到我们的主人公海泽身上，她想要什么？

换句话说，我们的目标受众想要什么？他们想把工作做好。但这个概念相当宽泛，没有冲突，因而也就没有办法创作故事。

我们的目标是将海泽的愿望与特定的事件联系起来，这件事她有能力掌控，也切实可行。巧了，我们的面前就有这么一件事——她的报告。故事中海泽的计划是她希望自己的报告获得巨大的成功。这听起来确实很具体，不是吗？但是，还有更多因素要考虑。我们可以进一步加大筹码，我们可以假设她希望报告顺利的原因是可以借此和劲敌卡斯伯特（Cuthbert）一较高下，然后得到晋升。因此，我们将宽泛的需求细化成了具体的目标：今天顺利完成报告并获取晋升机会，这就是她渴求的东西。

海泽的计划充满了潜在的冲突，这种冲突将引发种种强烈且复杂的情感，就像"鸡尾酒"一样，让受众陶醉其中。现在我们需要安排一些意外，彻底扰乱她精心安排的计划。

当主人公发生意外

现在，你需要制造故事的外在冲突，使其诱发行动。可以把这个外在冲突看成一个障碍，它迫使你的主人公重新评估自己无比笃定的事实，也就是你所选定的误念。可是，什么外在的问题能够迫使主人公重新审视上述的误念？

以海泽为例，她希望今天早上的报告能为她锁住晋升机会，那么她会面临什么样的问题呢？

- 上班时发现她的竞争对手早到了，偷了她为报告所做的笔记，还自己完成了报告。
- 她可能睡醒之后发现自己喉炎犯了。
- 一个包裹可能会从一架亚马逊无人机上意外砸到她的头上，让她的人生上演经典的电影桥段——患上失忆症。

如果我们唯一的目标是阻止海泽做报告，那么所有这些想法都是可行的，但没有一个对我们的故事有用。她确实必须克服这些障碍，才能实现她的目标，但是这些障碍中没有一个会驱使她思考自己对骑自行车的误念。这就是最棘手的问题，到目前为止，自行车与她的故事根本没有任何交集。所以，我们需要再次拿起笔记本，重新构思。重温一下已知条件，看看我们是否能找到一些有用的线索。

我们把注意力集中在受众所担心的事情上——尽管骑自行车令人振奋，但受众担心一旦开始工作就会感觉疲惫。这是海泽最不想面对的情况，尤其是在今天这种重要的日子。

我们需要的是一个意想不到的情况，一个突如其来的问题，驱使她必须直面自己的误念，才能实现她的目标。而且这个意外不仅可以帮助她解决外在问题（让她按时上班、精神焕发、准备就绪），还能帮助她的内心（让她感觉自己充满活力、自信强大、势不可当）。

我们可以借鉴斯巴鲁的剧本，将这个冲突改成缓和一点的剧情。假设今天她的车出了问题，但没有发生一场严重的车祸，而是在夜里悄然报废了。所以当她坐在方向盘后转动钥匙时，汽车只发出了无力的嘶鸣声。

多巴胺开始发挥作用，因为受众的期望破灭了。

皮质醇开始发挥作用，受众心想，"糟了，她能按时上班吗？"

催产素也开始发挥作用，受众觉得这不公平，因为她为那场报告付出了那么多努力。

海泽会立即意识自己遭遇了困境，这同样也成为受众的困境。因为主人公感受到了，所以受众也就感受到了。最重要的是，这是我们的自行车可以解决的问题。

在我们进一步讨论之前，我要再次提醒大家，即使我们迄今为止做了那么多工作，我们仍然很容易把所学到的内容抛之脑后，再次跳进同一个陷阱，将自己认为的难题当作观众真正会面临的难题。

想知道如果你这样做会发生什么吗？先来看一个令人尴尬的反例。

案例分析：健怡可乐

2018年，可口可乐公司推出了新的健怡可乐广告。由于他们的注意力集中在他们的产品上，而忽略了目标受众的看法，所以他们创造的故事讲述的是他们自己的恐惧。这种恐惧很可能与最近的研究有关，他们担心研究结果可能会影响未来的产品销量。研究表明，0卡汽水很不健康，与癌症、心脏病、糖尿病有关联，而且更具讽刺意味的是，0卡汽水实际上会导致消费者体重增加。

他们的宣传号召是："健怡可乐，因为我乐意。"

这个号召听起来像是一句战前宣言，暗示有人试图阻止我们喝健怡可乐，而号召好像在说："你们来阻止我呀，看看我会不会理你。"让我看看，根本没有人在阻止别人喝健怡可乐啊。

因此，这不是在说服我们去喝健怡可乐，而是给了我们一种"此地无银三百两"的感觉，让我们怀疑这则广告在试图掩盖我们不应该喝的某种原因。

这段30秒的视频很简单，一个普通的、瘦削的、漂亮的少女从冷藏柜里抓起一瓶健怡可乐，喝了一大口，说："看，健怡可乐真的很好喝。喝健怡可乐让我神清气爽。生命短暂，及时行乐……"这话听起来很奇怪，好像她正在反驳一个认为无糖汽水不健康的人，告诉对方健怡可乐有多好。

她接着说："如果你想住在蒙古包里，那就住吧！"

等等，那个试图阻止我们喝0卡汽水的假想敌难道还反对蒙古包？少女继续罗列她建议我们去做的事情："如果你想跑马拉松,虽然听起来超难,那就去跑吧。"我以为她还会说数学是多么困难,然后建议我们去做数学题。然而她说:"无论如何,做你自己就好。"因此,这则广告不仅认为我们不愿意喝健怡可乐,不愿住在蒙古包里,不想跑马拉松,而且还认为我们不愿意做自己。所以广告好像在鼓励我们肆意妄为,就算只能在私底下"做自己",是这个意思吧?

"如果你想喝健怡可乐,就喝健怡可乐。"言下之意很明显,我们喝健怡可乐就是在与剥夺我们快乐的强权做反抗。

我当然是在戏谑,但这则广告受到嘲讽也是自找的。因为可口可乐只专注于他们的产品,他们对受众群体的画像其实只是自己拙劣的模仿,他们以高人一等的姿态对我们说三道四。

这肯定不是可口可乐公司的本意,他们眼中的这则广告也并不是这个样子的。当时可口可乐北美区整合营销总监丹尼尔·亨利(Danielle Henry)在谈及这个广告时说:"我们剥去了营销为它打造的光鲜的外表,只是以朴素的方式告诉人们健怡可乐到底有多好。这款健怡可乐更加原汁原味,唾手可得。我们追求的是返璞归真,健怡可乐是每个人随时随地都可以享受的饮品。"

你能看出他的话中存在的问题吗?首先,即使某个产品确实是为每个人准备的，为其编写故事时也不能大水漫灌，否则写得再完美也不能赢得所有人的欢心，充其量就是中规中矩，没有人会对其印象深刻。而如果稍微出了一点差错，就会像健怡可乐的这则广告一样，人人批评，包括评论家，以及活跃在社交媒体上的目标受众。正如乔·埃里森（Jo Ellison）在英国《金融时报》（*Financial Times*）上撰文谈到这则广告时所说的那样："他们尽力取悦每个人，结果却得罪了所有人。"

其次，他们关注的是产品本身，而不是受众的误念。"健怡可乐更加原汁原味，唾手可得到底是什么意思？"与什么相比更原汁原味？茶？水？普通可乐？谁说过健怡可乐不唾手可得？它一直都静静地摆在超市的架子上，乖乖地准备被人带回家。可乐不像人那样，它不会忙得没空理你，不会因为打盹而联系不上，也不会发脾气，就没有买不到可乐的时候。

令人备感讽刺的是，健怡可乐的广告给受众留下了完全相反的感觉。正如一位网友发文表示："这则广告让我怀疑喝健怡可乐也许会被身边的人耻笑，只不过我之前一直没有意识到。"

健怡可乐广告有一点益处——作为反例，时刻提醒着你在创造故事时必须高度警惕。在每一个新的转折点上，都要问问自己是否真的从受众的视角出发，解读他们的想法，而不是从你的视角看待问题。如果你开始聚焦对你来说重要的东西，关注你臆想中他们抗拒你的潜在原因，你就完蛋了。

这点很重要，因为你即将用自己的故事来探索目标受众的真正需求，从而锁定一个他们能立刻识别出来的困境。

做一做

终于到了这一步！你正在把你所做的所有研究付诸实践，创造属于自己的故事。多给自己一些时间，可以去倒杯咖啡，或者倒杯红酒，让自己舒服些，放松下来，来一场头脑风暴，回答以下问题：

- **到底谁是故事的主人公？**

至此，你已经确认目标受众，而故事的主人公通常是他们的代表人物。所以，你要尽可能地让那个人贴近现实。

- **故事中的主人公大致想要得到什么？**

这是他们的愿望，你的故事将给他们实现愿望的机会。

- **在故事发生的当时当地，具体发生了什么事情，可以满足主人公的渴望？**

例如，如果海泽完成了她的报告，击败了她的竞争对手，她就会实现她梦寐以求的目标——晋升。

- **什么外力会阻碍我的主人公?**

当你回答这个问题时,牢记三件事:第一,你要寻找的是可能会阻止故事的主人公实现目标的因素。第二,这个外在的挑战要能迫使主人公采取行动。第三,为了克服这个挑战,主人公必须重新考虑自己的误念。

10. 保持具体

> 仅有愿景而没有行动是无效的。
> ——美国音乐剧大师 史蒂芬·桑德海姆（Stephen Sondheim）

你已经想好了你的故事，也已经完成了很多工作，做好了讲述故事的准备，好像一切都步入了正轨，但这也很可能意味着你在不经意间跌入了一个最大的误区：你觉得故事已经足够具体了。从你的角度来说确实是这样，因为你了解自己的故事，但实际上你只是大致了解。

就像我们大体了解海泽的故事一样。某天早上，海泽将要进行她职业生涯中最重要的一场报告，如果报告顺利，她很可能获得梦寐以求的晋升机会。值此关键时刻，她的车却无法正常启动。为了防止死对头趁机抢走她的机会，她唯一的办法就是骑自行车去上班。因此，我们的产品是一个能够扭转局面的东西。她克服了自己的误念，骑上自行车，发现自己不仅没有精疲力竭，反而精神焕发，最终她的报告圆满完成。

看完这个故事后，你有什么感觉吗？你有专心听这个故事吗？我特别喜欢问作者的一个问题就是你是想向我解释事情发生的经过，还是想让我以主人公的视角，体验主人公的经历？

问题到底出在哪里？为什么海泽的故事还不够具体？

因为这个故事仅仅是对事情的客观概述，没有体现主人公内心的挣扎，她也没有处在进退两难的境地。在整个故事中，海泽没有什么需要克服的困难。没有风险，没有恐惧，也没有逐步叠加的赌注。她只是做了一件看上去唯一合乎逻辑的事情——骑自行车上班，这是一个不需要思考就能做的决定。问题就出在这里，因为如果没有心理斗争，那就没有谁需要得到支持，也没有谁需要得到同情，故事的发展更没有悬念。另外，海泽到底是如何得到那辆自行车的？如果她平时从没想过骑自行车，那为什么还会有一辆自行车在身边？有点儿太巧了，不是吗？她为什么不直接打车呢？疑点实在太多了。

实际上，整个故事都进入了一个"总结"的陷阱。在《剑桥词典》（*Cambridge Dictionary*）中，英语单词"总结"（summary）的定义为："一个简短、清晰的描述，概括关于某件事情的基本事实或想法"。当然，"总结"的前提是事实已经存在，故事中的一切，从开始到结束，都已经发生。根据这个定义，前文中海泽的故事甚至算不上一个事件总结，因为剧情根本没有铺开，一切都尚不存在，无法总结。

故事工具

事件总结不等于故事。

本章的目标是将故事想表达的宽泛概念细化，加入具体的细节。但是，现实生活中有大量的具体信息，人们每时每刻都被信息"轰炸"，该在故事中选择哪些细节去讲述呢？如何取其精华，去其糟粕？这就是我们将要探讨的重点。"具体化"不是简单地捕捉所有具体细节，比如天空是蓝色的，自行车是黄色的，这只狗可能还没有断奶等，而是要确定与你的故事相关的具体细节，用它们为你的行动号召赋予意义。如果保留其他不相关的细节，只会分散受众的注意力。

因此在这一章中，我们将集中讨论如何将宽泛的概念转化为具体意象，赋予故事更深层的含义。接着，本章会讲解如何创作故事的开头，用细节引导故事的发展。本章也将探讨如何在具体的情境中为事实赋予人性和生命，如何让故事变得具体、清晰且直观。最后一点是至关重要的，因为如果人们"看不到"，就无法"感受到"。

如何察觉并避免泛泛之谈

一个简单的原则："宽泛"的东西是一个类别，而"具体"的东西是被分类的事物。"裤子"是宽泛的,"缀着红色和金色绒球的佩斯利高腰喇叭裤"是具体的。这个例子浅显易懂,不是吗?然而,人们趋向"宽泛"的冲动是如此强烈,以至于很多时候,我们根本没有意识到我们有这种倾向。事实上,很多宽泛的类别常常被误认为是具体的细节。如"那个男人很高兴"这句话听起来很具体,这是个男人,而且他很高兴。但事实并非如此。男人是谁?他为什么高兴?对他而言什么是高兴?我们都没有头绪。这些没有答案的问题就是这句话"宽泛"的地方。

我曾与无数的作家合作,发现了一个令我无奈的事情,很多作家认为,使这样一个句子变得具体的方法就是简单地用其他宽泛的东西来解释它——"这个人对他的职业选择感到高兴"。什么职业选择?为什么?两者之间有什么关系呢?这个补充没有让人在脑海中产生任何联想,没有内涵,更没有给出让人关心的理由。这个结论可能会让你感到意外。因为像那些作家一样,当你构思自己的故事时,你至少可以联想到一些场景,能在某种程度上感觉到故事。在你的头脑中,这个故事是具体的,只不过有些朦胧。

但当你真正把故事讲给别人听时,故事就变得宽泛而中立,别人无法感同身受。

国际故事指导安迪·古德曼(Andy Goodman)认为,"具体"蕴含着巨大的能量,他用参议员伊丽莎白·沃伦(Elizabeth Warren)讲述的故事来佐证他的观点。沃伦的故事发生在俄克拉何马州,是她成长过程中的一个真实事件:"大约在我上中学的时候,父亲的心脏病发作了,情况非常危急。我还以为他要死了。邻居们带来了百味餐（每个人带一种餐食，盖上盖子带过来，因此英文为Covered Dish，即'盖菜'）。那段时间我真的非常害怕。"

古德曼说："故事存在于具体的细节中，这些看似微小的细节帮助我们'看到'讲故事的人所描绘的世界。我们能明白'我的朋友给予我很多帮助'和'邻居们带来了百味餐'之间的区别。两者虽然表达了同样的意思，但后者能立刻唤起人们的想象。"

"我的朋友给予我很多帮助"听起来很具体，但是当你听到这句话时，你能想象到什么吗？不太能。因为它是一个模糊的概念，给予了帮助，但不清楚具体的方式。他们做了什么来帮助我呢？我们没有头绪。但是在你想象邻居时，你不仅可以"看"到他们，而且也并不需要别人明确告诉你，邻居们在帮助沃伦，因为他们忙活的事情是带来百味餐，这暗示了他们在提供帮助，同时还有更多的内涵。

我们不是单纯想看到叙述者的世界。在沃伦的世界里有无数具体的细节，她可以选择都告诉我们，如墙壁的颜色、地毯的款式、窗外的风景。但她没有，尽管这些细节就像"百味餐"一样具体和真实。为什么她不说呢？因为这些具体的细节与她所讲的故事主题没有任何关系。

"百味餐"并不是一个随意选择的细节，它有助于传达沃伦想表达的信息。这个细节透露了关于沃伦所在社区的一些情况：人们会去教堂；人们并不富有；邻里之间互相帮助，紧密相连。人们会在出现危机时站出来，互相支持，让对方少操心一点。这幅简单的画面中交织着无数的情感层次。

更重要的是，仅仅提到"百味餐"就可能引发受众的回忆，让他们想起儿时自己父母生病的时候，这些餐食可能也出现在了他们的家里。现在，受众和沃伦感同身受，回到童年时代。受众能够深切感受到，这样的支持是非常温暖有力的。

总之，细节必须使你的故事和故事的意义变得具体。正如美国国会议员威拉德·邓迪·范迪弗（Willard Duncan Vandiver）在1899年所说："滔滔不绝的雄辩既不能说服我，也不能让我满意。我是密苏里州人，在我们那儿，你必须给我们看点儿实际的东西。"当涉及具体与宽泛的问题时，可以说我们都是密苏里州人。

所见即所感

如果你要创作一个故事，以此传达观点，而你的目标受众中每个人都可能对"具体"有不同的要求，那该怎么办？假设你正在竞选，你想讲一个故事，主题是你将如何为每个选民最珍视的事物而奋斗。该怎么去讲呢？对选民而言，人们需要的具体事物完全不同，如果你明确说出了某个具体事物，那些不关心这件事的人是不是就会退避三舍？不会的。

其中的关键是你的受众能够想象出你的故事。正如神经科学家安东尼奥·达马西奥（Antonio Damasio）在《笛卡尔的错误》

(Descartes' Error)中指出的那样:"思想主要由意象构成。"意象能够让我们思考,这不仅因为它启发了我们的思维,更因为它激发了我们的情感。是感觉刺激了思想,而不是思想引起了感觉。因此,如果没有一个特定的意象引起人们的关注,就失去了思考的对象,更不用说体会事物的意义。那么问题就成为:如果你选定了一个特定的意象,你要如何传达出超越意象本身的深层信息呢?这个意象是否象征一种更深层、更普遍的事物,而且与其他具体事物共享同个象征意呢?

接下来我们会深入剖析一个案例。

案例分析:詹姆·哈里森

詹姆·哈里森(Jaime Harrison)《泥土之路》竞选电视广告的亮点在于,广告并没有宣扬他的政治立场。这也与故事的主旨无关,因为他的故事完全没有提到他如何对党忠诚或者抨击其他党派。故事的要点是选民本身和对选民来说重要的东西,与政治立场无关,而与选民的生活息息相关。

为了让选民接受,哈里森必须找到一个意象,一个选民关心的问题,能让每个人都觉得:没错,我也是这样。我遇到这个问题时就是这种感受。

这个竞选广告本身并不是为了解决某个具体的问题，而是要说明政治家需要重视选民关心的事情。这就是他想传达的信息。

这是一个简单的宣传，让我们跟随着哈里森的声音，倾听他的叙述，一系列图像在我们眼前显现，文字在屏幕上闪过。我们一边听一边解构：

我在南卡罗来纳州的一个偏远地区。（我们已经准备好听故事了。因为我们识别到了故事的讯号，所以本能地感到会有事情发生……）

我穿过一条老土路……（我们可以看出这是故事的核心意象。这不仅是一条路，而且是一条老旧的土路。听起来他好像是冒险离开了主路，故事马上就要发生了。）

看到一间猎枪房，我去敲门……（"猎枪房"这一专有名词让我们知道哈里森对此地非常熟悉，是个本地人。我得说明一下，我以前从未听说过"猎枪房"，不得不上网查询这个词的意思。在我们这儿，它叫"铁路公寓"。）

一位非裔美国籍老者来到门口，问："孩子，你是谁，你想干什么？"（此时的我们在等待哈里森进行自我推销，好奇对方会有什么反应，而且我们很清楚哈里森想要什么：这个人的选票。）

我说:"您好先生,我叫詹姆·哈里森。"

他看了看我,说:"嗯。你想干吗?"(听上去是个喜欢直入主题的人,而且很显然这不是他第一次遇见拉选票的政客,他想等哈里森说完就轰他走。)

我说:"先生,这是一次意义非凡的选举……"(坏了,大错特错,哈里森用笼统的政治话题做开场白,但描述的是哈里森本人感觉重要的东西。哈里森这是在告诉老人为什么要投票给自己。但是,哈里森的话一出口,我们就知道他犯错了,我们本能地感受到了他的错误。)

老人说:"孩子,让我告诉你一件事。"(此刻哈里森的期望将被打破,现在我们高度警惕。看来这家伙要好好批评哈里森一顿了,省得哈里森白费口舌,他自己也省得听了,两全其美。)

他说:"你看到你开车上来的那条路了吗?"(再次提到意象,画面感很强,这个人把哈里森带入他的世界,展示他所关心的事情。)

我说:"看见了,先生。"(情况发生了变化,现在老人占据了对话的主导地位。)

他问:"那是一条什么样的路?"

我说:"一条土路。"(这句话的妙处在于,我们这些观众凭直觉就知道这个老人要表达自己的观点,我们私底下也在猜测，试图弄清老人的观点是什么。）

他说："孩子，里根当总统时，那是一条土路，老布什、小布什当总统时，它还是一条土路。（原来如此，他打算责备共和党人；因为他们毫无作为，导致这条路多年没有得到修缮。）

克林顿和奥巴马担任总统时，这依然是一条土路。（他也在指责民主党人，他的目的是什么？）

孩子，这条路到现在仍然是一条破土路。不管是民主党人还是共和党人，除非有人能把这条土路铺平，否则我不想和任何政客打交道。"（原来如此！老人想表达的中心思想根本与政治无关，而是政客们在日常工作中从不关注选民真正关心的问题，政客从未倾听选民的声音，那么选民凭什么要听政客发言呢？）

老人关上了房门。我有点受伤。（哈里森的目标是说服这个人给他投票，但他失败了。而且，他现在向我们承认自己的失败。他展现了自己脆弱的一面。）

但后来我开始思考这个问题。（现在哈里森开始挖掘深层含义；但他没有为自己辩解，没有告诉我们为什么他认为这个人是错的，也没有把问题的责任甩给别人。相反，他关注的是这个人对他说的话，重新思考自己的立场。）

对于这位老人来说，最重要的事情是这条土路。（土路真实存在，不是只存在于概念中的一个模糊抽象的东西，正因如此，问题才具有可操作性。这是一个能够通过行动来解决的具体问题。）

而且老人听遍了各种政治演讲，政客们说要达成这个指标，完成那个项目，但至今还是没有人给他铺路。（哈里森完全明白这个人的观点是什么，所有人都明白了，老人的观点成了所有人的观点。那就是，对方张口就承诺，但却从来没有做对我来说重要的事情。对方并不关心对我的生活有影响的事情，那么我凭什么要关心对方想要什么？）

这条路对我们整个州的人民来说，象征着许多未解决的问题。（哈里森现在用未铺平的土路这个意象来象征所有能够影响本州选民的具体事物。）

对阿伦戴尔人来说，问题可能不是一条土路，而是一座学校。对班贝格人来说，问题可能不是一条土路，而是他们的医院。（通过说出另外两个具体的问题，哈里森让选民知道，他明白不同的群体有不同的关注点，他的目标是要确定对不同的选民来说每个人心中最重要的问题是什么，打算为此做些改变。）

这条土路代表了我们许多人在这个州所遇到的困难。（通过更深入的挖掘，他现在把所有的具体问题串在一起，揭示了更深层的问题：人们正在遭受痛苦。因为政客们本应代表人民,但现在却脱离了人民,不再关注当地人民的切实诉求。)

我记得过去,参议员会帮助他们所代表的人民。我想重拾这种服务精神。作为政治家,我们必须重新获得人民的信任。这就是我竞选美国参议员的原因。(仿佛只是顺带一提,哈里森终于说出了自己号召受众所做的事:投票让他成为美国参议员。如果仅考虑行动号召本身,那这是句套话,十分笼统、模糊,走的完全是党派路线——哪个党派都是这样。但由于哈里森在进行竞选演讲时聚焦了一个有代表性的具体事件,且最终做出了精练的总结,所以人们知道了哈里森想要解决的普遍问题。)

误念:所有的政客都是一样的,他们不关心真正影响我们的事情。他们只关心如何当选,然后连任。

事实:有些政客是愿意倾听人民的心声的,会关注对我们有影响的具体事物,并有所作为。

觉醒:哈里森可能就是这样一个政治家。他愿意倾听老人的诉求,他承认了自己的错误,也认清了问题所在。他的目标是帮助我们,如果我们选他,也许他可以真正帮到我们。

转变:我会为他投票。

故事中特定的意象，也就是那条老土路是关键所在。

首先，从字面上看，你仿佛可以看到并感受到那位老人为什么会如此在意这个问题。自二十世纪80年代以来，门口的土路每天都在影响着他。他所传达的信息很清楚：如果政治家真的关心他，他们就会为他铺平家门口的路。

其次，从象征意义上讲，那条老土路代表了每个选民面临的现实问题，也就是说，老土路是所有需要改变的事物的象征。政客需要重视起来，采取措施来真正解决这些问题。

哈里森利用这个特定的意象讲述了一个非常有力的故事。

但是，如果你想传达的东西是看不见摸不着的呢？例如富裕、选择或自由等概念。一个恰到好处的意象能做到这一点吗？可以。事实上，有时看似无关紧要的单一意象本身就包含着等待挖掘的好故事，这个故事甚至能改变整个国家的轨迹。不知道你听没听过布丁棒冰？

安德鲁·马兰茨（Andrew Marantz）1989年在《纽约客》（*The New Yorker*）中讲述了这样一段回忆："在叶利钦担任俄罗斯总统之前，他会见了时任美国总统的老布什，参观了纽约证券交易所，并逛了逛休斯敦郊区的一家普通超市，那里陈列着各种各样的布丁棒冰，这对他产生了极为重大的影响。

这些不起眼的小点心对叶利钦来说意义非凡，这个意义不在于点心的味道，或晦涩难懂的一长串配料表。对他来说，棒冰代表了苏联没有的所有东西。想象一下吧，一个宽泛的概念通过一堆布丁棒冰而变得具体。即使你无法在脑海中想象富裕、选择或自由这样的抽象概念，但你一闭上眼睛，肯定可以看到那个闪闪发亮的冰箱，里面装满了棒冰。

无论多么平凡的具体意象，都能震撼人心，因而令人难忘。严肃的"冷战"和不起眼的布丁棒冰之间的反差之大，令人出乎意料，以至于你的大脑很难转过弯来。

讲故事的人也知道这一点。叶利钦本人在谈到他的超市之行时说："我看到那些货架上挤满了成百上千的罐头、纸箱，各式各样的商品应有尽有，我当时第一次直面了苏联人民的绝望处境。像我们这样一个有潜力变得相当富裕的国家，现在竟然处于一个如此贫困的境地！想到这一点，我就感觉真是可怕。"

这段感悟中没有一个词提到了棒冰。那么，为什么像《纽约客》（*The New Yorker*）这样高端的出版物会把棒冰当作叶利钦觉醒的原因呢？一张明显是摆拍出来的照片提供了线索，照片中的叶利钦正盯着冷冻食品货架，他伸出双臂以示惊讶，脸上带着灿烂的笑容。除了布丁棒冰，货架上还装满了冰激凌和巧克力糖浆。诚然，叶利钦似乎确实偏爱布丁棒冰，我也已经多次分析过，叶利钦偏爱布丁棒冰的这一小道消息娱乐性更多些。

还有一张照片，同样引人注目，叶利钦盯着新鲜的青豆、蘑菇和萝卜。但是，"陈列的时令蔬菜相当丰富，这对他产生了深刻的影响，以至于……"这句话显然没有带来"布丁棒冰"那样的情感冲击，因为"时令蔬菜"太过宽泛，更难想象而且也更加平庸。在为《纽约客》构思这个故事时，马兰茨知道他必须让故事有一个记忆点。再啰唆一句，记忆点也就是布丁棒冰。这么有意思的东西，怎么能忘得了呢？

换句话说，例子不仅仅要具体，还要蕴含意义，最好能够产生出人意料的效果。让我们再次回到海泽的故事。我们已经知道，海泽故事的大体内容。现在，让我们从头开始，让它变得具体。我们很容易认为，海泽的故事是从她的汽车无法启动开始的。因为汽车无法启动绝对会打乱她的计划，让她的期望变成绝望，听起来这是个不错的开头。但是，如果我们从这里开始讲故事，我们就没有办法表明这件事对海泽产生的负面影响。车不是在平时坏的，而恰好是今天。为了更好地表达这一点，我们必须把时间轴往回拨。

我该从何说起

虽然我们已经确定了外部难题，但是今天对海泽来说与其他任何一天有什么不同？这将决定她所恐惧以及她所渴望的东西到底是什么。

然而，我们很容易受到"总结"陷阱的诱惑，认为最佳的开场是让海泽的车"寿终正寝"，毫不客气地让她无法开车上班，将她推离舒适区。因为这一场景很容易想象，我们也会产生情绪波动。

但是，作为作者，我们知道海泽想要什么，受众却并不知道。

就他们而言，海泽的车无法启动，那又怎么样？没错，他们知道这总体上是件坏事，但受众不清楚有什么明确具体的后果，他们也无法产生联想，也就没有理由去在乎这件事情。这意味着，在我们让海泽的车"报废"之前，需要让受众知道，为什么汽车恰巧在今天出现了故障，这件事具体糟糕在哪儿。也就是说，海泽的汽车无法启动并非只是一件单纯的坏事，而是一场会产生"次生灾难"的"原生灾难"。因此，在试图确定故事要在哪里开始时，你必须问自己3个问题：

- 对我的主人公来说，是什么使这一天与往日不同？
- 这对我的主人公来说有什么重要的利害关系？
- 我怎样才能向我的受众传达这些信息？

那么海泽的哪些行为能够暗示今天非同寻常，并让受众猜到她即将做一个关乎晋升的报告？

由于本书的目标是掌握故事的基础，所以这里可以给自己多留一些创作的空间，假设这是一个两分钟的视频——当然也可以是其他任何形式：报告、推文，抑或筹款信。让我们来看看海泽的早晨是如何开始的，让镜头一直追随到她转动汽车钥匙的瞬间。请注意，要让故事环环相扣，逐步增加悬念，引发受众的好奇心，引起共鸣。现在故事开始了：

- 海泽匆忙地穿好衣服，瞥了一眼她的电脑屏幕，快速滚动鼠标滚轮,并浏览了一遍演示文稿。(她很紧张,我们想知道原因。这是第一个不同寻常之处。尽管观众不知道海泽平时的早晨是什么样子的,但我们对故事的套路有足够的了解,看到她在紧张地翻看像是演示文稿的东西,观众就意识到此处不同寻常。)

- 海泽收到了她妈妈发来的祝福短信,内容也许是"深呼吸!你一定可以"之类的。(她要接受考验了,一定和我们刚刚看到她翻阅的那个演示文稿有关。)

- 接下来,为了增加紧张气氛,上司给她发了一条短信:"注意了,CEO已经来了。别给我丢脸!"(是的,我们刚刚的推测是对的。而且,连CEO都出马了,我敢打赌,这一定是一个艰巨的考验。)

- 广播里传来消息:交通堵塞,所有道路都堵得水泄不通。(我们想知道她的办公室离这里有多远,希望她不会迟到。风险逐渐增加,因为局面完全不受她控制。)

- 她设想交通堵塞的情景:很多愤怒的司机、红色尾灯、从额头滑落的汗水。(即使她能按时到达,她也会很焦躁。这也从侧面展示了也许开车通勤并不是想象中的那样美好。)

- 她看了看表,惊慌失措。她把鞋穿反了,单脚跳进车库。(快快快!)

- 车库里面停着一辆SUV,角落里藏着一辆自行车。这是我们的产品。上面绑着一个大红色的蝴蝶结,它布满灰尘、松松垮垮,预示着它已经在那里待了很久了。显然这份礼物没有讨得收礼人的欢心。她什么时候才会骑上自行车呢?(也不知道是谁送的,蝴蝶结都没拆，显然她从来没有骑过，背后肯定有故事。）

• 她钻进车里，插上钥匙、转动、点火，然后……无法启动了。（现在怎么办？）

• 她的手机响了，又是一条短信，是老板发的："你到哪儿了？"（她该怎么办？她不可能按时到了！）

注意到了吗？在她的车无法启动之前，我们填充了许多的信息。这些信息表明，车的故障不仅是普通意义上的麻烦，不止会让她上班迟到。在短短的几帧画面中，我们确定了海泽的目标，她必须克服困难才能实现这个目标。我们还了解到如果她做不到这一点会产生什么风险。观众已经开始为她鼓劲了。这些信息非常直观，充满了具有象征意义的具体意象，向我们展示了此刻对海泽来说最重要的东西。在这个故事中，我们的"布丁棒冰"是那个沾满灰尘的红色蝴蝶结，它绝对不同寻常、出人意料，把我们的注意力拉到自行车上。

我们想知道接下来会发生什么。海泽能准时到达办公室来做报告吗？

这个故事让人感觉一气呵成，但我们还得更深入地剖析，才能看到每个环节的作用。你是否注意到，过去和未来的信息巧妙地穿插在现在的场景之中？

过去的信息是在以下情况中揭示的：

• 海泽瞥了一眼她的演示文稿，明显是她花了很多心血才做好的。

- 当她听到交通堵塞时,她立即调动了记忆,用过去的图像来设想她所面临的出乎意料的新障碍。
- 当我们看到车库里的那辆自行车系着沾满灰尘的红色蝴蝶结时,我们立刻会想,那是怎么回事?这并不是自行车本身引发的,而是那个破烂的红色蝴蝶结让我们知道这背后肯定有一段故事。而且我们感觉到,如果讲故事的人把它放到镜头里,说明蝴蝶结肯定在故事中有特殊的意义,从而提高了观众的期望值。也许海泽没有意识到,但那辆自行车肯定有用。

未来的信息是这样体现的:

- 海泽收到的3条短信都让我们知道,她即将做一件重要的事情——报告。
- 海泽看了看表,匆匆赶到车库,把鞋穿反了,所有这些都预示着她要做的事情的紧迫性和重要性。她很着急,我们也很着急。

过去和未来交织,一起打造了分秒必争的现在。过去揭示了海泽心中最重要的事情是什么、她想要什么,而未来则预示着她所冒的风险。

你可能已经注意到,我们并没有把我们头脑风暴的所有内容都写进去。没有提到海泽的竞争对手,更没有提到对方可能横插一脚,接手迟到的海泽无法完成的报告。这没关系,也许我们会舍弃这个情节。但自行车上的蝴蝶结是怎么回事？自行车是谁给她的？其实，故事里没有什么是不可改变的，故事创作就是一个迭代的过程，整体创作结束后再调整也完全没有问题。

吸引住了观众，之后怎么办

一旦故事吸引了人们的注意力，人们的好奇心就会升起，他们想知道主人公是如何解决难题的。为使受众满意，答案不能一蹴而就，必须得来不易。当然，你知道故事人物正确的选择是什么，需要达到什么样的目的，产生什么样的结论。毕竟故事是你创作的。但这个故事要展示主人公如何达到目的，如何与困难抗争的过程；要展示是什么让她决定抓住机会，以及她在这个过程中学到了什么。

比如看爱情喜剧片，你知道影片开头那对打算结婚的情侣肯定不相配，你知道那个古怪的邻居才是主人公的真爱。但如果他像你一样迅速意识到这一点，就没有可以讲述的故事了。所以定下心来，因为你知道他要花整整两个小时才能反应过来，明白自己的真心。这就是故事的乐趣所在，受众是为了主人公的觉醒及其背后的原因而来，海泽的故事也一样，任何你创作的故事都一样。既然我们已经为后续的情节展开做好了铺垫，现在的问题是：你如何创作一个故事，让你的主人公在故事中觉醒？

做一做

记住关于你的主人公的全部细节,然后像我们创作海泽的故事那样创作你的故事,然后做以下工作:

• 看看你是否能确定故事的开端,这是一个具体的瞬间,能让你向受众传达主人公最关心的问题,以及如果事情不如意会有什么后果。

• 问问自己,什么东西会使你的主人公无法得到他们想要的东西?要想到具体的意象、具体的挫折,以及导致的具体行动。

• 基于以上内容,看看你是否能设想出主人公面对问题的具体情景,这个问题必须是主人公无法避免的,就像海泽那样。

你可能会想到几个版本,这没关系。在创作的过程中,有时你可能会感到非常受挫,有时你会感觉十分美妙。坚持下去,就快成功了。

11. 如果，之后，因此

> 在压力面前，人的潜力是无穷的。
> ——卡尔·荣格（Carl Gustav Jung）分析心理学鼻祖

你已经写好了故事的开头，很好。现在，如果你想让受众最终响应你的行动号召，就需要不断吊着他们的胃口，让他们感受到奥斯卡·王尔德（Oscar Wilde）所说的："悬念是可怕的。我希望它一直延续下去。"

你的故事开篇确定了一个必须解决的问题，通过你创设的因果关系来推动主人公解决问题的进程。而且之前也提过，问题的处理过程千万不能毫不费力，一步到位。一个真正的难题不可能轻易解决，不是吗？如果故事中呈现的问题轻而易举就化解了，那就会让受众敬而远之，因为这暗示着你认为受众的问题其实微不足道。

你可能在想，解决办法确实很简单啊。例如，解决海泽的问题只需要骑上眼前那辆自行车,这能有多难?但话不能这么讲。从事后来看,大家都会觉得这个难题本该如此处理。但是,难就难在获得解决方案时产生的内心斗争,而这正是你的故事中环环相扣的剧情需要展示的。记住,你的主人公与你的受众一样,也在为该误念而挣扎。如果这个问题对受众来说是件大事,那么你的主人公最起码也要重视起来。

这一点很难把握,这也是现代社会的一大矛盾,我们身边的一切都在帮助我们更方便地生活,但我们却天生渴望"解决难题"。克莱蒙特研究大学心理学和管理学杰出教授米哈里·齐克森米哈伊（Mihaly Csikszentmihalyi）的研究表明,当我们从事困难但可操作的任务时,我们是最快乐的,其原理就是适当的困境会激发人们的兴趣。因此,一旦你确定了你的主人公所面临的问题,受众就会立即开始想象如果他们是主人公的话,接下来会怎么做,问题最终会如何化解。这会使他们对你的故事更有兴趣,因为他们想知道自己的判断是否正确。

为了确保你的故事能够提供这种刺激,在本节中,我们将探讨如何保证你的故事中有一个循序渐进、令人信服的因果逻辑链,我们还将介绍一种百试百灵的方法,帮你删除可能使故事偏题的内容。在本章结束时,你能学会如何为你的故事制造悬念,具体来说,就是剧情上一个接一个的转折。这个悬念从你之前确定的故事开场开始,一直持续到本书末尾将要讨论的主人公的"觉醒"时刻,最终尘埃落定。

毕竟,没有什么能比猜中剧情更让人满足的,这就是我们在推论正确后获得的丰厚的感情回报。这也解释了为什么我们喜欢填字游戏，听悬疑故事，为什么我们最终推断出阿米特叔叔美味的南瓜饼的秘密配方时会如此激动。

人们在这个过程中感受到快乐，不仅是因为他们揭出了谜底。人们为达到目的付出努力，得到回报，这也同样令人快乐。想要弄清事实的那股冲动也是我们活着的原因。我们之前讨论过，人类的大脑是一台预测机器，根据事件背后看似可靠的逻辑，来预测"如果是这样，那么就会那样，这意味着……"如果大脑没有这种预测未来的能力，我们的生活将永远笼罩在一个又一个可怕的未知事件之中。

值得庆幸的是，有一件事可以完全确定，那就是事情主要依靠因果关系推动。正如几个世纪前苏格兰哲学家戴维·休谟（David Hume）指出的那样，因果关系是"宇宙的黏合剂"。然而，休谟也同样表示，这并不意味着"我们所认为的"造成某件事情的原因就是"真正原因"。或者说，我们因此做出的推测也不是"一定会发生"的事情。我们只需看看最近的头条新闻或美国的大选结果，就会意识到我们的想法通常是非常离谱的。

但是，无论我们最终是对是错，我们都会不断寻找事物之间的因果关系，因为没有因果关系，一切都没有意义。在野外，我们的祖先会根据过去的生存经验做出推论。但在你的故事中，是你来决定究竟哪些经历让故事的主人公，以及你的受众觉醒。前提是，你必须有一条清晰、具体、可信的因果关系链，贯穿故事始终。

因果关系：让故事更可信

首先，让我们给"可信度"下一个定义。它是指无须思考，你就会自动接受某件事可能导致的结果。在你创作故事时，要尽量实现两个层次上的可信度：

• 基本共识上的可信度（这个相对容易）。
• 情感或心理上的可信度，取决于故事主人公的内在逻辑（这点不容易实现，也是你前期需要做那么多准备工作的原因）。

第一层的基本共识可信度是我们熟悉的东西，因为它对我们所有人来说都是一样的，不管我们生活在哪个圈子，成长环境是什么，一直以来最喜欢的季节是什么。人类有奔跑、行走和跳跃的生理机能。但一个人不可能通过挥动手臂飞起来。这个世界受物理定律的约束，地心引力让我们好好地待在地面上，食物和水让我们活着，婴儿不会因为担心证券市场的情况而整夜失眠。这种可信度只要不违背自然规律，就能轻松实现。

第二层可信度，即你的主人公的内在逻辑，更为重要。只有主人公的内在逻辑严谨，他们的言行在情感和心理上才会令受众信服。正是这种内在的逻辑吸引你的受众来听你的故事，他们用自己圈子的世界观来分析主人公行为背后的内在原因。如果你的故事与他们的世界观相悖，即使其他一切都完全合理，你的受众也会想，这肯定是不可能的。

事实上，第二层可信度的重要性要高于第一层，如果第二层做到位，就算你打破基本共识，受众依然会买账。有时，打破共识甚至可以帮助你阐明要点。

为了说明这一点，我们将以亿创理财（E-Trade）的广告"会说话的婴儿"为例。我们知道，虽然有些婴儿确实看起来要比实际月龄成熟，甚至可以称为神童，但他们不可能会自己开股票交易账户（尤其是婴儿本来就没有任何收入可以用于投资，当然，亿创理财广告中的婴儿除外）。所以，为一个婴儿提供理财服务是完全不可能的。然而，当我们看到亿创理财广告里的婴儿惟妙惟肖地模仿一个28岁的大人时，我们没有翻白眼，而是目不转睛地盯着屏幕。

首先，这个广告有意料之外的因素，只要一看就能发现它打破了一个规律，即婴儿不会说话，因此我们自然而然地想知道后面发生了什么。但是，如果理财建议来自原本不会讲话的狗、猫或仓鼠的话，也会同样吸引人的眼球。那么，为什么是婴儿呢？因为一旦广告吸引了我们的注意力，就能直观地传达这样一个概念：用亿创理财投资是如此简单，甚至连婴儿都能做到，这就是他们的要点。这是广告中婴儿的原话，仿佛他是20多岁的白领，在和受众聊天。

这就是这个广告如此成功的原因，它精准地把握住了第二层可信度，也就是主人公的内在逻辑。婴儿的观点与目标受众完全一致，婴儿的所作所为映射了受众的经验和思维。

该广告在 2008 年首播，亿创理财的目标客户群体是希望能够自己理财的投资者。在广告出现之前，这些人可能对管理自己的财务没有信心。毕竟，他们听说理财是一件严肃、复杂的事情。这些理念的形成是因为投资公司不厌其烦地灌输错误观念，因此受众会觉得最好把理财的任务交给经验丰富的专业人士。但是，美国金融危机随后爆发，这让他们害怕将辛苦赚来的钱委托给那些好像不怎么会投资的经纪人。

这名婴儿很好地传达了这种想法："谢谢你们，老家伙们，但不用了，我和我的伙伴们已经自己搞定了。"这个广告有点无礼，但不乏趣味，没有列举任何图表或术语就清晰地表达了观点。正如文化评论家伊莱恩·拉宾（Elayne Rapping）所说："这个婴儿让整个交易行业都变得人性化了。"

"人性化"是这里的关键词，意味着更容易理解。当你的主人公通过受众的眼睛看世界，顺应他们那套逻辑，你的故事就会变得可信，即使其中发生的事情在现实中显然是不可能的。这也是一个很好的策略，能让你充分利用"意料之外"的强大力量。

增加悬念：加入一个或一些转折

你可能会想，"你说的转折是什么意思？"我指的不光是写小说，你可能正在写一个60秒的广告、一个两个自然段的故事、一条推文。无论你在写什么，都可以并且也应该有转折。有一个很典型的（虚构的）故事能很好地展现这一点。在一次文学沙龙中，有人要海明威用三个词组想出一个完整的故事，他回答说："转卖。婴儿鞋。没穿过。"海明威赢了。这个转折带来了强烈冲击，令人心痛。然而仔细一想，小婴儿其实不常穿鞋，所以说实话，这可能只是买错了，而不是一个令人心碎的悲惨故事。

下一位是威廉·夏特纳（William Shatner），他写下了更加曲折的故事，"落榜。失去奖学金。发明火箭。"最为曲折的是故事大师凯伦·迪茨（Karen Dietz）博士的故事，"打高尔夫球。老板胜。没失业。"这个故事简短却观点清晰，而且我敢打赌，能引起无数上班族（也就是我们大部分人）的共鸣。也请注意，这个小故事里有一个清晰可信、具有两次转折的因果脉络，不仅告诉了我们外部发生了什么，而且还暗示了深层的事情。我们知道故事的主人公故意让老板赢了，而且我们肯定知道原因，这就是故事的要点。那么，你要如何建立一个可信的、曲折的、有因果关系的主线，挖掘出受众的期望，最终颠覆他们的期望呢？让我们来分析一个看似简单的60秒广告，看看当你掌握受众的预期时，可以如何用意料之外的事物让受众惊艳。

案例分析：捷达

该广告围绕着一个耳熟能详的背景展开，每个人应该都非常熟悉。新郎在婚礼当天迟到了，他焦虑地揣测新娘的反应。首先，让我们看一下这个广告，然后再剖析创作者的策略。

- 广告中我们看到一个人，他看起来很紧张，但却非常坚定，仿佛他刚刚做出了一个重要的决定，没有什么能阻止他。他开着车，正沿着荒郊野外的一条乡间小路疾驶。车窗外的雨淅淅沥沥，画面中没有房子，也没有任何建筑物。显然他是在赶时间。（我们会立刻想到，他看起来真像年轻的詹姆斯·斯派德。我们还能推测出，对这个人来说，今天不是一个普通的日子，事关重大。）

- 镜头一转，教堂的新娘梳妆室内有一位身穿婚纱的女士。一位牧师站在人群后面，伴娘们围绕着新娘，跪着打理她的婚纱和头纱，新娘向伴娘们微笑着。她的父亲则坐在一边的椅子上，看着女儿准备。（哦，所以詹姆斯是新郎，但为什么他看起来离新娘这么远？检测到因果关系，发现问题。）

- 镜头转向詹姆斯，他仍在疾驶。（他必须及时赶到婚礼现场，我们为他加油。我们也想知道是什么耽误了他，毕竟他早就应该到场了。）

- 新娘的父亲在看着她，看起来有点忧虑。她摆弄着她的订婚戒指，忧郁地抬起头。（他们在担心詹姆斯还没有到的原因。他最好快点，希望他能有个好借口。）

- 詹姆斯紧张地瞥了一眼他的手表，开得更快了。他在流汗。（为什么他会迟到呢？发生了什么事？如果他不能及时赶到该怎么办？）

- 新娘的父亲也瞥了一眼手表。（为什么他看起来这么不高兴？难道只是因为詹姆斯迟到了吗？也许他认为两人的结合是个糟糕的婚姻，而詹姆斯的迟到正好证明了这一点。不过有一件事是肯定的，他不希望他的女儿受到伤害，但他开始觉得这点不可避免。）

- 在他的车前，一辆笨重的拖车迫使詹姆斯放慢了速度，他的脸上出现了惊慌的神色。（为什么偏偏是现在！大车总是这样，真误事。气氛越来越紧张。）

- 父亲握住女儿的手，女儿给了他一个微笑，但笑得很勉强，她很快移开了目光。（爸爸意识到女儿比自己想象的还要担心。如果我们能告诉他们就好了，詹姆斯已经在路上了，不要放弃！）

- 詹姆斯显然是在冒险，他猛踩油门，绕过拖车。（有一瞬间,他看起来仿佛都要撞上对面的车了,好在车的性能不错。他一定很爱她。)

• 当父亲转过身后,他看起来更加担心了。(我们也是如此。)

• 詹姆斯越来越近了。他加速驶过一座长桥,但是他还没进城。(时钟在嘀嗒作响。)

• 新娘瞥了一眼窗外,带着失望的表情回过头,然后坚定了自己的信念。(也许他会到的,不要对他失望。)

• 詹姆斯终于开进了一个小镇,就在这时,铁路道口的闸门关闭了,迫使他停下来。当一列长得令人难以忍受的火车驶过时,他像泄了气的气球,把头放在方向盘上,然后靠在椅背上,沮丧地大叫。(该死的,他要错过自己的婚礼了,而且女方认为他是故意不来。)

• 父亲无奈地低下头,关上了新娘梳妆室的门,受众被关在门外,无法知晓里面是什么情况。(结束了,他们不得不告诉大家新郎没到,太丢脸了。)

• 镜头来到教堂的前面。当詹姆斯开车过来时,街道上空无一人,他跳下汽车,跑上台阶,穿过敞开的教堂大门。

• 教堂里坐满了人,新娘以及真正的新郎正一起站在圣坛上。詹姆斯跑进来时,牧师正在说,"……如果有人对他们的结合有所反对,请现在说出来,否则请永远保持沉

> 默。"詹姆斯停了下来。新郎瞪了他一眼,然后瞥了一眼新娘。她低着头,显然是在承认她和詹姆斯之间有什么。当詹姆斯开口说话时,她抬头看着他,眼睛闪闪发光,深深地吸了一口气。现在我们明白了,就像《毕业生》最后一幕的60秒剪辑版中的本杰明·布拉多克一样,詹姆斯拯救了他的爱人,使其免于嫁给错误的人。
>
> 这是出乎意料的转折,给人带来了深切的满足感。受众仿佛目睹了一位魔术师从空帽子里变出小白兔,他们没有生气,反而十分兴奋。

这个戏剧化的转折使广告令人难忘。但是,它确实愚弄了我们,而我们也确实不喜欢被愚弄。但我们为什么不生气呢?

因为我们解读因果关系时,故事中的一切都合乎逻辑,就像真实发生过一样。换句话说,根据我们所看到的一切,我们预期中合理的结局应该是詹姆斯到了教堂,里面空无一人,只有几条孤零零的丝带和地上几片零落的花瓣。事实上,虽然广告的结局令人惊讶,但它并没有取笑我们被愚弄了。它只是向我们展示了看待事情的另一种方式。当然,这正是你的故事的目标:向你的目标受众展示如何从新的视角来看待熟悉的事物。

不可否认,这个故事很有创意,但这与购买捷达汽车有什么关系？其实受众在广告结束前，可能都不知道这是一则汽车广告。我们满脑子都是詹姆斯能否及时赶到那里，因此不会去考虑，"天啊，我想知道他们在推销什么。"那么，该广告是如何传达真正意图，让人们购买捷达的呢？

首先，从表面上看，尽管詹姆斯才是主人公，而汽车不是，但它是英雄。它在拖车周围安全行驶，在湿滑的道路上顺利转弯，在关键时刻把詹姆斯带到了教堂，而且还不止这些。

这个故事本身的要点是什么？让我们来分析一下。

新娘即将嫁的这个男人并不惹她讨厌，我们在最后几帧中也看到了这一点。他人还不错，身材高大，样貌端正，看起来确实没有什么问题。很明显，他做新郎是很合适的。只是他看起来有点儿普通，甚至有点儿无趣，他的扣子扣得很紧，每根头发都按部就班，甚至有些呆板。另一边，詹姆斯看起来更有活力、更有激情。他没有系衬衫衣领上的扣子，用言情小说中的词句描写就是，"他的长发卷曲飘逸，俊朗迷人。他不害怕受伤，不害怕冒险，毕竟他的出现也可能会让自己沦为笑柄。但是，他爱她！"

当然，如果詹姆斯不是主人公，不是我们支持的人，并且我们不知道新娘嫁给新郎是一个天大的错误，我们可能会把他跑进来破坏婚礼的行为看作傲慢无礼的表现。他真是个浑蛋。

实际上，我们产生了完全相反的感觉。我们在想，谢天谢地，他救了她，使她没有嫁给错误的人。

这就是这个故事和广告的要点。你想要的东西触手可及，只要你有勇气去追求它。随后弹出的标语告诉我们这则广告的目的，它明确指出："系好安全带。捷达vR6，所有车主的梦想。"

误念：我无法赢得我的"梦中情车"。别人会得到它，而我无法企及。

事实：如果我有勇气从现在开始去争取它，那么我的梦想触手可及。

觉醒：为什么要让我的"梦中情车"从手中溜走？我可以分期付款。

转变：也许我应该试驾捷达汽车。

再向深处挖掘，很明显新娘也有一个误念，这意味着她本可以成为故事的主人公，而且从某种程度上说，她最后确实采取了行动。她看向詹姆斯的眼神让我们知道，她在最后一刻意识到了自己的错误，并且做出了正确的决定。对她来说，这是一个不将就的故事。

误念：尽管一个中规中矩的新郎或汽车不是我的理想，但也能凑合。

事实：我应该追求更好的男人或汽车，正确的选择可以带你到从未奢想过的地方（而且，如果是汽车的话，可以让你安全、准时地到达那里）。

觉醒：为什么要妥协？我理想的汽车，就像我理想的男人一样，确实存在，而且它也需要我。

转变：也许我应该试驾捷达。（我相信弗雷德最终会找到一个好女孩安定下来。）

创作者在该广告中注入了什么情感？追求梦想所能产生的愉悦，有能力突破重围并让梦想实现的快感。从新娘的角度来看，是被选为命定之人，以及被他人视为珍宝的快感。我知道，这有点像是"总有一天我的白马王子会来"这种老套，甚至带有性别歧视的观念。就我的理念而言，我应该避开这个广告，而不是一遍又一遍地看（为了工作，你懂得）。但问题是，想被珍视是每个人都有的愿望，是人们普遍的诉求。虽然羞于承认，但这则广告深深地打动了我，在我还没来得及理性思考其他因素之前，广告就已经深入心扉。而且更令人羞愧的是，看广告的时候，我竟然也没想到性别歧视之类的。这也是故事的力量。

被一个强大的故事触动很容易，而能够创造这样的故事就难了，光是想想就足以让你感到有点紧张。这是件好事，因为我们接下来就要谈谈"紧张"。

先害怕，后勇敢

在故事中，主人公只有通过正视自己都没有信心解决的障碍才能真正化解难题。如果她无所畏惧，故事就会变得空洞，因为无论外部事件多么糟糕，她的内心都没有需要克服的障碍，也就不会有新的领悟。你知道目前海泽已经面临的困难了吧？现在要再度让困难升级了。

说起来容易，但具体怎么操作呢？可以制造各种兼具现实性与戏剧性的困难。比如一颗流星落入她的后院，一艘外星飞船降落在她的屋顶上，还有洪水、地震、火山暴发、热熔岩和流沙！这些都可以发生，但这些都不是海泽要经历的磨难。答案在你的故事中的"后院"（不是那颗流星）。

外部突发事件不是重点。提高困难的着手点在于面对这些情况，海泽会怎么做？她会如何解决这个问题？实际上就是要思考你的受众会怎么做？这就给了你一个更小、更具体，也更可信的着手点。现在要做的是罗列所有可能解决海泽问题的方法，无论多么荒唐。海泽的清单如下所示：

- 给同事发短信，看看她是否有可能将报告推迟到下午。
- 看看她是否可以通过 Zoom 视频远程报告。
- 看看打一辆车需要多长时间才能到达。
- 看看她是否能借到邻居的车。
- 拿出那本关于正念力的鸡汤书，看看她是否能用正念让自己到公司。
- 对了，还有那辆自行车。

目前，最后一项自行车是个荒唐的选择（是的，甚至比正念还要荒唐）。我敢打赌，海泽其实已经完全忘记了那辆自行车，但我们的受众还记着。当她跳进车里时，受众一看到自行车就本能地感到它与故事有关。事实上，在她的车无法启动的那一瞬间，他们可能在大喊："自行车，自行车！"因为正如契诃夫（Anton Chekhov）所说的那样："如果枪不走火，就决不能把上了膛的枪放在舞台上。如果一开始就不想遵守承诺，那就不该许下承诺。"向受众展示那辆自行车，我们相当于做出了承诺。我们让他们期待，自行车肯定有其重要性和存在的意义，不然我们为什么一开始就把自行车展示给他们？

因此，让我们整理一下思绪，以便创造最有力的转折，使每一个转折都能在逻辑上严丝合缝地触发下一个转折。这意味着它不仅有基础共识层面上的可信度，更要有感情层面上的可信度，还要符合海泽自己的内在逻辑。既然我们希望我们的故事尽可能短，我们就可以用最有效的规则：三的法则（The rule of threes）。为什么"三"这个数字如此强大？因为我们知道，大脑天生就要寻找规律，而最小的规律是……三。连省略号都是两个"三"。

如果可能的话，我们的每一个转折都应该增加风险，这样，随着故事的发展，海泽可能面临的损失会逐步提升。这有助于我们缩减"可行清单"，剔除那些基本相同的选项。例如，如果海泽要求推迟她的报告，但被拒绝了，就没必要再让她请求通过 Zoom 来做视频报告了。如果海泽继续请求使用 Zoom，虽然她的清单会减少一项，但面临的风险几乎没有发生变化。换句话说，Zoom 线上发言和推迟演讲同属类似的方案，没必要同时放入故事。

故事工具

每次转折都应该让你的主人公承受更大的风险。

最后,还有一条规则,这条规则非常可靠,因为完全符合我们大脑的工作原理:我们会先尝试最简单的解决方案,就好像在现实生活中我们通常想打个盹儿,希望问题在我们醒来的时候已经消失。当然对海泽来说,这肯定是行不通的。因此,我们要看她所有可能的选项中最简单的那个,也就是打车。考虑到水泄不通的路况,驾驶时间会非常漫长,但是毕竟网约车司机无处不在,那也未尝不可。这是一个简单的解决方案,不会让她失去体面,更不会让别人知道她遇到了困难,而且很快就能解决问题。

转折一:海泽试图叫网约车,但在手机上她看到附近没有车。等待的时间是一个小时,且交通状况变得越发糟糕(借用邻居的车本来可以作为平行方案,但这种情况下也变得无法实现)。第一个解决方案排除。

我们还有两个不错的选择,先前提到过,它们本质是相同的。她可以给同事发短信,看看是否可以重新安排报告时间,或者改用Zoom,这样她就可以在家里进行报告。两者目前都是可以的。但我认为重新安排时间会更好,因为这意味着我们仍然一心帮助海泽前往现场办公。让我们看看是否能找到一种方法,在这个过程中再次提高风险。

转折二：海泽给她的同事发短信，试探性地问：也许她可以把报告推迟到下午？她立刻得到了答复："不能。CEO 在等着，你的死对头卡斯伯特正在路上，如果你迟到了，他就会替你做报告，快点！"第二个解决方案，排除。

注意海泽的死对头回到故事中的时机，这就是为了增加风险。海泽想象着他一副臭脸、幸灾乐祸的样子就咬牙切齿，而且他可能因此抢走她的升职机会，这对她的威慑力瞬间增大。她必须先到达那里，但怎么做呢？

第三种方法简直成了救星！在那一刻，她看到了自行车，她意识到，无论多么不靠谱，这终归是个方案。

转折三：在走投无路的情况下，她把自行车上的蝴蝶结扯下来，戴上挂在车把上的全新头盔，打开车库的门，推车走了出去。

等一下，我们忘记了一些重要的事情。到现在为止，我们每个人的脑海中都应该在想象海泽一早上的经历。海泽本以为自己要开 SUV 上班，用报告惊艳全场，但她现在推着自行车出去时应该穿着什么衣服？我敢打赌，没人会想象她此刻是穿着运动裤、运动衫和运动鞋。

这里要指明，你创作故事时，总会有一些"不对劲"的时刻。你会拍打自己的脑袋，哀号道："我没有想到这个。现在怎么办？"虽然有时"不对劲"意味着回归原点，但如果你已经做足功课，一般情况下可能只需要微调。

>
> **故事工具**
>
> 虽然有时"不对劲"意味着回归原点,但如果你已经做足功课,一般情况下可能只需要微调。

我们可以回到我们所了解到的受众的相关信息,阻碍受众的部分原因可能是从众、常规、做大家眼里的自己,而不是做真正的自己。也许我们可以用海泽的衣服来帮助说明这个问题。

我猜我们大多数人都想象海泽穿着某款正装裙和女士衬衣,甚至可能还穿了西装外套、高跟鞋,头发整齐地盘在脑后。换句话说,她穿的是非常受约束的衣服。也许她跌跌撞撞地穿上高跟鞋的原因是她通常不穿高跟鞋,不习惯。她这身打扮怎么能骑车呢?

这往往是故事展开的方式,一边写一边改。那么,我们怎样才能解决这个问题呢?我们可以加入另一个细节来展示她的"正装"与她的内心不匹配,准备一个光滑的黑色尼龙背包,里面装着她的运动服,供她下班后去健身房时穿。然后我们可以回去调整我们的故事,以表明在过去,健身是她在自己疲惫不堪的一天中安排的一个必做项目。

现在,当瞥见自行车时,她深吸一口气,下定决心,把发卡从她的头发中拉出来,一头秀发不受束缚地散落在肩头。然后她迅速穿上运动服，卷起她的裙子和衬衫，把它们放在包里。换装之后的海泽，才是真正的海泽，那个一直隐藏在顺从外表下的人终于展现了出来，让人眼前一亮。

海泽把她的自行车从车库里推出来。我们可以大胆地设想，让海泽住在山上，这样她可以往下看，看到条条道路蜿蜒伸向城市中心。她瞥了一眼远处的高楼，那是她的办公大楼，她看起来相当迟疑。她能按时到达那里吗？她会不会在路上耗尽体力？但她准备全力以赴，因为像捷达广告里的詹姆斯一样，她决心已定，必须要到那里。和詹姆斯一样，她的出行方式也将挽回局势。

那么她到达工作地点时会精疲力竭还是精力充沛？在我的设定中，她一开始有点担心，但她克服了畏惧和猜测，并意识到她可以在汽车中自由穿梭，于是她出发了。

让我们暂时撇开她到达后的感受。在这个故事中还埋藏着另一种强烈的情感，即飞速掠过那堵得水泄不通、令人焦虑的道路时产生的极大快感。哪个上班族不会对此感到高兴呢？尤其是你还深刻体会过陷在这种路况时那种疯狂和无奈的心情。然后也许，只是也许，当海泽快到她的办公大楼时，她加速经过了一长串汽车，车流中有一个人正从他的车窗里探出头来尖叫，这人绝对有路怒症。当她飞驰而过时发现，没错，那是卡斯伯特！她的死对头堵在路上了！

就这样，我们建立了一个合理的因果关系链，接下来就是打倒海泽误念的时刻。但是，到底如何做到这一点？这就是我们将在后面中深入探讨的问题。

做一做

首先,回顾一下你对目标受众的全部认知、他们的误念和世界观,因为这与你的故事和你的行动号召有关。这可能看起来没有必要,但还是要做。要当心,我们极容易下意识地认为自己眼中的世界就是受众眼中的世界。

鉴于你的故事在开篇已经让主人公陷入进退维谷的境地了,问问你自己,你的主人公看到了哪些解决方案?像我们为海泽做的那样,列一个清单。好好思考主人公是谁,清单中的选项不能牵强附会,得是符合逻辑的方案。一旦你有了清单,看看你是否可以缩小范围,消除本质相同的平行选项,如海泽选择打网约车或借邻居的车。你的目标是要通过一系列能使风险不断升级的转折,来排除主人公可能采取的其他方案,最终让你的主人公别无选择,只能做那件在他们的误念中绝不会成功的事情。对海泽来说,就是骑上自行车。当故事开始时,她的观点是自行车诚然能让她抵达单位,但一旦到了那里,她就会精疲力竭,以至于她无法做出让领导惊叹的报告,展示能让自己获得晋升机会的能力。

这里有 3 个问题,可以帮助你确定最有效的转折:

- 这个转折或细节是否能使我的故事朝着主人公的觉醒时刻发展?

- 我的主人公是否必须先考虑其他方案，随后排除这些方案，这样他们在确定最终方案时才合乎情理？
- 每个转折点对主人公所面临的问题影响是否越来越大，使问题越来越难以解决？

12. 独一无二的"觉醒"时刻

> 如果你真的想逃避那些困扰你的事情,去往别处并不能解决问题,你应该改变自己。
>
> ——古罗马哲学家 塞内卡(Seneca)

觉醒的瞬间是不是很激动?你有没有过类似的经历:突然意识到9年级和你一起上历史课的帅哥喜欢你;意识到自己即将得到晋升,而旁边隔间只知道拍马屁的家伙却原地踏步;意识到父母真的给你买了一匹小马驹作为生日礼物。

觉醒令人兴奋,不仅因为生活即将发生改变,而且还在于这些结论是靠你自己分析出来的。现在你能"感觉"到应该怎么做,所以你觉得自己很聪明,从而会自发地采取下一步行动。

受众也有同感。在故事的主人公的"觉醒"时刻打破了受众的误念时,他们意识到自己一直都有的解决问题的能力。比如《绿野仙踪》的主人公桃乐丝,她意识到早在房子压扁东方邪恶女巫的那一刻起，自己就已经有能力回家了。

但是，仅仅产生觉醒是不够的。我们真正在乎的是主人公恍然大悟的原因。

仍以《绿野仙踪》为例，整部影片中桃乐丝都在按照他人的想法行事，认为只有这样才能解决自己的问题，离开困境。影片中有许多困难曲折，但她都能顺利克服，甚至抢到女巫的扫帚，最终意气风发地回到了翡翠城。但是，事实证明，这还不够。当笨拙的巫师不小心甩下桃乐丝，一个人回到堪萨斯州时，还有谁能帮助她回家呢？这时，善良的女巫格林达又出现了，她说："你不需要再靠别人的帮助了。你一直有能力回到堪萨斯州。"

桃乐丝问："我行吗？"

稻草人直接质疑道："那你为什么不早告诉她？"

格林达的回答恰好是这本书写作的初衷，也是你在创作中需要处理的核心。她说："因为她不会相信我的，她必须自己领悟。"

最终解决桃乐丝问题的不是她的勇敢，战胜了多少困难，而是她从经历中所领悟到的一切。

因此，要让主人公的觉醒具有可信度，受众必须了解其内心的逻辑。受众想知道的是：主人公是怎么发现自己具有误念的？是什么打开了主人公的双眼，让他领悟真相？这是我们所希望看到的，因为这正是我们在日常生活中可以使用的"内部情报"。而我们获得这些信息的方式，就是亲眼见证他人觉醒。

正是这一瞬间，故事才开始发挥作用。故事所呈现的要点并不是"没有一个地方可以和家相比"，而是桃乐丝想法转变的原因。

故事之前的铺垫就是为这一刻服务的。为了确保故事画上圆满的句号，本节我们将先探讨激活"觉醒"时刻的4大要素，这样你的故事就不会在受众最期待的时刻掉链子。最后，我们将目光从你正在创作的故事转向你自己的个人叙事，了解展示弱点所带来的强大力量。

剖析"觉醒"时刻

这是受众从一开始就有预期，并试图破解的关键时刻，他们已充分做好准备。这就是故事的魅力所在。如果你只是直截了当地教育对方，例如，骑自行车可以令人神清气爽而不是消磨体力；候选人会让大家团结起来；我的牙膏很好用……很可能只会招致受众的反驳，这还得是对方专注听的情况下。但现在故事能吸引他们的注意力，他们降低了内心的警惕，敞开心扉，处于弱势地位，甚至毫无防备。而最可怕的是，他们自己并不知道这一点。这也是故事的力量，只要故事以我们的"语言"论述，就能避开雷达，直接飞入我们的信念体系。

那么，该如何让你的故事的观点正中靶心呢？一个有效的"觉醒"时刻需要具备4个要素：

- 要尽可能在最后一刻发生。

- 要属于主人公,而非故事中的其他角色。
- 必须清晰透明,这样受众才能理解情节背后的逻辑链,内心的挣扎。
- 必须解放思想,主人公从阻碍他们的误念中解脱出来,并获得解决问题的能力。

以《绿野仙踪》为例,让我们继续沿着那条黄砖小路,来逐个剖析各个元素。

在这个故事中,桃乐丝想得到什么?她希望得到公平的待遇,也就是说,她渴望公正。因此,当她遇到不公对待时,即古尔奇小姐威胁要带走桃乐丝的爱犬托托,桃乐丝觉得她别无选择,只能带着托托逃走。

误念:当事情不顺时,最好的选择是逃往别的地方重新开始,最好去彩虹的另一端,因为在那里烦恼会自动消除。问题是,无论你逃到哪里都逃离不了自己。也就是说,像目标受众一样,桃乐丝只是把问题和信念体系带到了另外一个地方,烦恼永远不会消失,而选择忽视只会让其在黑暗中快速滋生。故事迫使桃乐丝正视问题所在:逃跑是最好的选择吗?而祸不单行,现在她被困在奥兹国,没办法轻轻松松地承认错误,然后灰溜溜地回家。她必须为自己的误念付出代价。

表面上看桃乐丝的目标是回家,但她真正的问题是不相信自己有解决问题的能力。因此,她没有坚持自己的信念,而是选择了逃跑。她这样做不是因为软弱或缺乏勇气,而是因为到那一刻为止，生活教会她正确的选择就是如此。但是，在前往邪恶的女巫城堡的路上，桃乐丝在寻找回家办法的同时，帮助了新结交的朋友，一起鼓起勇气对抗恶霸，由此她发现了自己的内在力量，找到了消除自己误念的解药。

事实：逃避并不能解决问题，但如果你愿意为自己的信念而战，就有机会改变现状。

觉醒：我所追求的一直就在自家后院，因为没有什么地方能与自己的家相提并论。

转变：现在她已经有能力回家，也找到了回家后为信念奋斗的力量。

现在让我们逐步分解那个"觉醒"时刻的要素。

1. 要尽可能在最后一刻发生。第一个要素是最简单的，因为是策略层面的：如果时机把握的不对，其他要素的效果也会削弱。"觉醒"时刻需要尽可能地接近故事的结尾，在一切都看似无可挽回之际突然发生。桃乐丝就是这样，即使她完成了别人告诉她应做的一切，热气球还是甩下她飞走了。她正处于真正的"不成功便成仁"的时刻，这个时刻要比抢走女巫的扫帚更有挑战性。她已山穷水尽，紧张的情绪纷至沓来，她不得不破釜沉舟，深入挖掘自己从未有过的一面。受众此刻也如坐针毡："天啊，她现在怎么才能回家呢？"

在你的故事中，"觉醒"时刻出现的时机要比《绿野仙踪》更加关键，因为一旦你的受众看到了真相，就要给他们点儿空间来反思琢磨。如果这时你转而介绍新的事物，过不了多久，受众的感官刺激就会消失。这里的重点是，你不希望让任何事物转移受众的注意力，而是要让受众集中思考这一感悟。这时主人公的觉醒时刻会转化为受众的觉醒时刻，注入受众的世界观中。这样，受众才会像主人公一样采取行动。

2. "觉醒"时刻要属于主人公，而非故事中的其他角色。 "觉醒"时刻必须是主人公的专属。主人公是受众在故事中的化身，是他们支持的人，因为他们能够直观地体验到主人公所经历的一切。他们不希望主人公被别人拯救，而是希望主人公自己解决困难。受众已感受到了主人公的痛苦，而现在受众期待感受主人公的胜利的时刻。这就是为什么《绿野仙踪》里没有人能插手，帮助桃乐丝解决问题——她的妈妈不能，她的老板不能，甚至善良的女巫格林达也不能。但觉醒的瞬间还能再深入挖掘……

3. "觉醒"时刻必须清晰。 故事必须揭示主人公觉醒的心理过程，否则主人公的领悟毫无意义。因为这才是我们的目的：要清晰地看到主人公意识到自己的误念错在何处，要看到她接受事实的那一刻。在之前的故事里，主人公的勇敢之处在于意识到在6号汽车旅馆过夜意味着自己很精明，可以省钱给孙子买玩具；体现在少女意识到"像女孩一样"是一种侮辱，因为这意味着男孩比女孩强；体现在詹姆·哈里森意识到选民不会相信任何政客的承诺，因为迄今为止，不论谁上台，都没人去修补那条老土路。

> **故事工具**
>
> 故事必须揭示主人公觉醒的心理过程，否则主人公的领悟毫无意义。

关键不是主人公最终得到的结论，不是意识到在 6 号汽车旅店过夜是好事，"像女孩一样"是坏事，更不是发现选民希望自己的需求得到满足。关键在于结论背后的原因，是原因让我们了解到结论的"意义"，而这些结论让主人公最后解决了困难。

4. "觉醒"时刻必须解放思想。 "觉醒"时刻使主人公摆脱了从一开始就阻碍自己的错误观念。此时此刻，主人公备感振奋，意识到自己摆脱了一直束缚他们的事物——无论是想法、人，还是信念。他们也意识到自己即将做出的改变将让他们成为更真实的自己。同时，因为受众已经将自己带入了主人公的视角，他们也能感受到这一点。桃乐丝寻找的答案就在自己的后院里，但她之前视而不见。为了找到真理，她和受众一样，不得不离开正常的生活和舒适区，才能从全新角度来识破错误观念。桃乐丝的"觉醒"时刻，乃至所有"觉醒"时刻都有一个共性，法国作家普鲁斯特（Proust）将之言简意赅地概括为"真正的发现之旅不是寻找新的风景的过程，而是获得崭新视野的过程"。

这并不意味在遇到问题时，我们不会选择逃避。逃避极具吸引力，这就是为什么我们经常花过多的时间去寻找简单的出路。当然，这只会使事情变得更糟。

海泽就是这样做的。她先叫了网约车，但行不通；她试图延后做报告时间，也行不通。她仍然需要面对困难，而且留给她的时间不多了，更糟糕的是，卡斯伯特已经在路上了，这让她的处境更加危险。最终她别无选择，必须骑上那辆该死的自行车。她没有考虑的时间了，现在已无法权衡选项，因为除了自行车去公司，别无他法。

我们的故事迫使海泽做平时绝不会尝试的事情。之前（指昨天），如果她因为骑车而疲惫不堪地到达单位（也就是此前阻止她骑车通勤的原因），唯一需要付出的代价就是中午需要打个盹儿。然而今天，她的整个职业生涯都取决于能否按时上班，而且还要精力充沛、精神饱满，处于最佳状态。

事实上，海泽最后报告如何，是否能晋升对故事并不重要。故事的核心是她鼓足勇气成为真实的自己，而不是社会期望她扮演的角色。

她的"觉醒"时刻是什么？是她真正意识到自己有能力夺回自己的命运的那一刻。她改变了自己对成功的定义，由此突破了社会的束缚，这反而可能帮助她成功。但是她必须付出代价来换取这一觉醒。

因此，当我们充实故事的时候，要增加更多相关细节：或许一开始海泽骑着自行车时还有些迟疑；或许她一开始在马路上，跟在堵得寸步难行的车流后面时，想着还不如走路去上班；或许，她表情呆滞，仿佛在说："全完了。"在绝望降临的前一刻，她向右瞥了一眼，看到车道和路基之间还有空间，她突然意识到：虽然空间很窄，但足够通行了。因此她不假思索地飞速前进。

她越骑越快，这时她看到了可以穿行的小巷、可以骑行的公园、汽车无法通行的窄道。她找到了属于自己的道路，我们在她的脸上看到了这一点。能否准时上班已经无关紧要。真正重要的是享受骑行，享受旅程，享受当下的愉悦。

什么时候受众才会恍然大悟呢？如果她什么都不说，我们将如何窥探她内心的逻辑？她必须说出来吗？我们需要配音解释吗？不需要。在我们的故事中，我们通过她不断变化的面部表情来观察她的想法，从恐惧到欣喜若狂，还有她的肢体语言，逐步与我们的自行车融为一体。毕竟我们要推销自行车。

海泽意识到，骑自行车能让她准时到达公司，神清气爽，提高工作效率，解决外在的问题。可她更深刻的认识是内在的。骑行打开了认识自我的大门，而她正在穿越门槛，进入属于自己的世界翱翔（天哪，写着写着我都想出去买一辆自行车了）。

这意味着故事可能以两种方式收尾。

结局一：**海泽骑车抵达公司楼下**。她跳下自行车，摘下头盔，甩甩头发，步伐坚定地走向目的地。

结局二：**海泽骑着自行车走向公司，然后加速而过**。因为，那份工作本来就不适合她，晋升只会让她无法脱身。卡斯伯特想要晋升，给他就是了，而海泽要去追求自己更光明的未来了。

注意，这两种结局都没有提到结果如何，谁得到了晋升。毕竟谁会在乎这些呢？再讲下去就会淡化主旨，喧宾夺主。我们希望留给受众希望、可能性和自由，这一目的已经达到了。

但哪个结局更好呢？答案取决于目标受众的世界观。

如果受众是白领精英，目标是在企业中一路攀升到企业高层，那么第一个结局就是完美的。但是，如果受众是那些觉得朝九晚五通勤打卡太过束缚，渴望自由的人，那么第二个选项就会更有意义。甚至可以让海泽将装着正装的运动包随手扔进附近的垃圾箱，骑行到远方。

那么，我们有什么未了结的剧情吗？有啊。我们还没解释自行车手把上一开始出现的红色蝴蝶结究竟是怎么回事。我们不能删减掉红色蝴蝶结的情节，因为它的存在有两个重要的原因：第一，让她的自行车有个来源，这样才能名正言顺地放在车库里，在困境中拯救主人公。第二，让我们知道，车是别人送的，不是海泽自己买的，她甚至可能从未考虑过骑自行车出行，车到了以后就放在车库里积灰，一次也没骑。但是，我们真的需要解释是谁送给她的，为什么会送她自行车？需要解释因为她不喜欢礼物而可能引发的争吵吗？需要展示她终于意识到这个礼物的赠送者是对的吗？不需要。在一个故事中，如果受众可以自行编造一个可信的解释，有些小细节就不用多加解释了，这就是其中的一个例子。

故事工具

有些小细节不用多加解释,受众可以自行编造一个可信的解释。

那么,海泽的故事能不能成功地向目标受众兜售自行车呢?那些厌倦了每天花几个小时堵在路上的上班族会不会买账呢?我想或许是可以的,但不确定。不是因为我对自行车没有信心,而是因为你永远不知道未来会发生什么,也不知道其他人会从中解读出什么,可能会有我们完全忽视的视角。这一点就要求你做足功课,充分思考。比如南达科他州缉毒办的警员就没做好这点,他们的初衷是表达与冰毒"死磕到底"的决心,结果最终使用的号召却是"冰毒,我们磕上了"!

故事的效果有不确定性,因此我们期望还会有更可靠的说服和激励方式。故事不像数据那样可以量化,不像数学那样精准,不像简单的陈述句那样直截了当。故事是可怕的,因为它唤起了一直以来要求我们警惕的东西——情感。而且更可怕的是,为了发挥故事的力量,我们必须强迫自己在最恐惧的地方进行探索——未知。我们必须创造一个故事,而不是给别人提供客观存在、无可非议的事实。要做到这一点,我们必须接受自己脆弱的一面,因为创作故事,然后相信它能成功,可能会使我们面临失败,甚至可能会暴露我们的弱点,这更令人害怕。

正如葛瑞（Grey，全球顶尖的广告和市场营销机构，总部位于纽约）前首席创意官托尔·迈赫伦（Tor Myhren）（曾发起了 E-Trader 广告）所坦白的那样："当我们用婴儿做亿创理财广告的时候，我们不知道别人会怎么想，当时担心极了。"因为直到广告播放，那个会说话的婴儿还很有可能成为历史上最愚蠢的广告，甚至要蠢过戴着眼镜还满屋找眼镜的人。（我不是唯一做过这种傻事的人，对吧？）虽然事情成功后再回过头说"冒险是值得的"很容易，但关键是你必须在可能摔得鼻青脸肿时决定冒险一搏。这就是魄力，必须先有魄力才能成功。

有魄力意味着即使你可能会付出代价，但你仍然相信自己的故事，并为之奋力一搏。尤其是代价巨大的时候，更要如此。有时，这种魄力可能就会让你取得超乎想象的成功。需要举一个例子吗？

案例分析：Lynda网站（一个提供各种教育资源的海外学习平台）

《哈佛商学院数字倡议》指出，Lynda 网站是当代许多数字创新的催化剂。其共同创始人琳达·温曼（Lynda Weinman）被誉为"互联网之母"。2015 年，"领英学习"以 15 亿美元的高价收购了 Lynda 网站。下面我们来看看这一成功案例。

1995 年，琳达还是加利福尼亚州帕萨迪纳艺术中心设计学院的一名教授。那时，她开设了一门全新的课程——网页设计。她的学生都是艺术系的，并不是计算机专业，因此学生对学习当时鲜为人知的高科技感到有些恐惧。琳达意识到这种新技术将是学生未来成功的关键，而以传统的方式介绍这种技术只会加剧学生的恐慌，甚至会使学生全然抗拒，因此琳达决定以不同寻常的方式教授计算机技术。她将网页设计分解成清晰易懂的小模块，避免计算机的专业术语，成功解决了这个看起来难以攻克的课题，使其易于上手。

琳达希望能找到一本适合她的学生的教科书，于是她去了当地的一家书店，但那里只能找到充斥着大量术语的技术手册，对她的学生而言就好似天书一般。这些手册是由工程师和计算机科学家所撰写，罗列着大量专业知识，目标受众是程序员。作者和之前美国国家海洋和大气管理局的科学家一样，自己能够理解这些知识的重要性，从而认定其他人肯定也能够意识到这一点。

琳达最后决定自己从头编写教材。她说："我的目标受众是我的学生，他们学的都是艺术专业，我当时只是想到这里而已。"这是她再熟悉不过的人群，而她知道自己擅长什么：将技术信息变得更人性化，让那些不懂专业术语的人也能理解。

这也是她能够带来的好处，是她的热情所在，是她赖以生存的东西，也是她最真实的自我表达。

她写的书与当时的技术手册完全不同。"我想用一种非常平易近人的方式来写，用第一人称，分享学生的故事，并且展现出亦师亦友的形象，我之前也是得益于此才取得成功的。"她出版了这本书，甚至说服了出版社（之前只出版单调的黑白技术类书籍）使用彩印，尽管这本书的价格由此也大幅提升。看似万事俱备了。琳达说："把手稿寄出三四个月后我接到了一个电话，电话里说，'对了，我们编辑了你的手稿，现在把它寄回。请再审查一遍，看看有没有错误。'他们寄回之后我立刻开始读，我看到他们把第一人称全改成了第三人称，让这本书看上去更加正式，像过去那些技术类书籍一样。他们完全剥夺了这本书的灵魂。根本看不出是我的作品，我读着读着就哭了。"

显然出版社对这本书的目标读者一无所知，他们改写了这本书，使这本书遵循出版社原来的刻板风格。他们做了自己觉得安全保守的事情，从而讲述了只有他们自己才听得进去的故事。

琳达面临一个选择。对方是出版社，有能力将她的书推向市场，而她没有。

她伤心欲绝，于是打电话给她的一位作家朋友，这位朋友告诉她，她的合同中可能有一项条款，那就是如果出版社拒绝了她的手稿，而她又退还了稿费的预付款，就可以拿回版权。她重读了一遍合同，发现果然有这项条款。

但是真要实行这项条款可能不会成功。琳达当时并不出名，除了她每年在艺术中心设计学院教的100多名学生之外，她没有任何受众，她完全处在弱势。她在周末苦苦思索，然后，她回忆道："星期一早上，我鼓起勇气，给出版社打电话说，'我认为你们的做法是对我的作品的否定。我不会把名字写在你们改写的这本书上面，我对你们所做的事情感到很震惊。我整个周末都在流泪，我想让你们知道，我将按照合同条款解约。'"

在那一刻，她失去了一切，除了她对自己故事的信念，对受众需求的信念，以及对自己能给予受众帮助的信念。这些都是经过调研得到的结论，所以她坚信不疑。

故事本来到这儿就结束了，至少琳达这样以为。这就是本案例的要点。愿意像她那样承担风险是非常困难的。为你内心相信是正确的事情站出来，可能会很痛苦，同时也需要相当大的魄力。

出版社负责与琳达对接的人最后盘活了一切，他告诉琳达，自己曾试图向编辑部门解释，这是一本不同类型的书，需要以不同的方式处理。但是编辑部门完全没有听从，因为对他们而言，做出改变是困难的。编辑部门的工作人员看到了与他们的认知不同的事物，他们并不接受，甚至没有看到其中的价值，反而认为这是一个错误，并按照他们的刻板规矩重新制作。具有讽刺意味的是，他们当时想出版的那种书根本不适合这些新受众。

琳达的对接人向她保证，他们会把手稿改回她最初的那一版。他们确实履行了这一承诺。1996年，这本名为《设计网络图形》的书以最初提交的版本问世。出版后，出版社就没再留意，6个月后才得知这本书已经在各地销售一空，而且人们仍在继续抢购。对世界来说，这是一本一夜成名的巨作。《快公司》（*Fast Company*）杂志的评价是这样的："《设计网络图形》被公认为行业内此类书籍的开山之作，一经问世便备受喜爱，世界各地的读者都用来参考，它是有关网页设计的非技术性指南。"

最终，《设计网络图形》卖出了100多万册，并被译为12种语言，是该出版社史上最畅销的书籍之一。这本书使琳达的事业和教学方法获得了全国的认可。据琳达自己描述，她从每年影响百名学生，变成了影响数百万读者的人。

琳达是她自己故事中的主人公，你也将是自己故事中的主人公。她的"觉醒"时刻与我们刚才所描述的框架一致，这并不奇怪。为什么呢？因为故事以及故事的所有元素都是人类心里的一面镜子，透视我们做出决定的过程，映射人们的内心想法。

琳达的"觉醒"时刻可这样剖析：

• 出现在一个需要破釜沉舟的关键时刻，由一个她无法回避的问题引发。

• 迫使她亲自采取行动解决问题。

• 琳达意识到，出版社从根本上改变了手稿，受众无法接受修改过的语言。更重要的是，出版社剥夺了她自己的声音，就像《60分钟》的制作人对奥普拉做的那样，剥夺了最引人入胜的部分——对学生们的人情味。因为书中的内容深入人心，因而也能让人心生愉悦，而不是简单地向人们灌输原始数据。由此琳达做出了艰难的决定。

• 这是一种思想解放，因为她夺回了自己的权力，重新掌握了对自己文字的主动权。即使如此，这也是一个艰难的选择。毕竟值得做的事情不可能容易。

有一点比较矛盾，有魄力为自己所相信的东西站出来，会使你处于弱势，但同时也给予了你力量。琳达知道受众想要什么，而且她也相信自己确实为他们提供了想要的东西。她的故事揭示了一点：对自己的信任具有很大的力量，即使结果未知也是如此。事实上，琳达的确可能失败。

如果出版社把版权还给她，那又该怎么办？基于我们对琳达的了解，她会找到另一种方式把书传递给读者。

而且，如果你有朝一日发现自己处于类似的情况，你也会找到出路的。

做一做

为了确保主人公的"觉醒"时刻足够有感染力，能激励受众采取行动，必须满足以下 4 个条件：

· **时机**："觉醒"时刻必须在最后一秒出现，早一秒都不行。要恰巧在一切都将无可挽回之际发生。

问问自己：主人公有没有处在迫在眉睫的困境之中？在意识到如何解决问题之前，主人公是否真的离失败只有一秒钟？

· **能动性**：主人公必须是扭转局面的那个人。

问问自己：主人公是否是主力输出？

· **透明性**：受众需要看到主人公突然改变主意背后的原因。也就是说，他们需要看到事实的真相，不仅是要知道主人公的观点发生了转变，更需要知道其背后的逻辑。

问问自己：主人公的"觉醒"时刻是否清晰透明？受众是否理解突然觉醒背后的原因？

· **思想解放**：这个"觉醒"时刻使主人公摆脱了一直以来束

缚自己的误念。

问问自己：这种觉醒是否让主人公更加忠于自己，变成更加真实的自我？

13. 你笔下的"觉醒"时刻

> 90% 的领导力在于能够传达人们心中所想。
> ——美国参议员 迪安·范斯坦（Dianne Feinstein）

小时候，我很喜欢看《洛基和布尔文克》(Rocky and Bullwinkle)，其中有一个老梗让我记忆犹新。每当洛基准备介绍新的动画片时，布尔文克就会阻止他，说："快瞧洛基，看我能从帽子里掏出一只兔子！"

"又来？"洛基气呼呼地问道，但是他很清楚自己除了忍受别无选择。布尔文克开始了表演，他扯掉了晚礼服的袖子，说："袖子里什么都没有"，之后在一顶高帽上晃动手指，大喊："变！"然后拉出了一只异常愤怒的犀牛。他匆忙把犀牛塞回帽子，说："哦，原来我低估自己的力量了！"

故事的力量也是如此。你现在已知道如何驾驭故事，要为自己的新能力感到自豪，但永远不要忘记故事的力量是多么强大，影响多么深远。因为正如蜘蛛侠彼得·帕克（不是伏尔泰）所指出的那样："能力越大，责任越大。"

故事的演变就是为了帮助人们理解世界，故事能将情节嵌入人们的认知，也正是故事惹人生气的一面，容易为虚假信息煽风点火。

我们总是偏爱追寻那些夺人眼球的光鲜事物。而且，相比于真相，虚假的东西往往更加新奇，火星人登陆新泽西州（《世界大战》，1938年）；希拉里·克林顿在华盛顿的比萨店里组织了一个恋童癖团伙（"比萨门"，2016年）……这些虚假消息备受关注，远远超过那些无聊的真相。这并不是因为人类善变或者容易轻信和分心，而是因为在人类进化的过程中，存亡系统始终设置为"高度警惕"。我们祖先所在的环境中，任何反常的东西都可能预示着危险即将到来，所以越是奇怪的东西，就越有可能吸引人们的注意。我们不仅要注意到这些反常之举，从而更好地部署下一步行动计划，还要迅速地传递反常信息。毕竟，拥有这样珍贵的内部信息会极大地提升我们的社会地位。

我们传递反常信息的渠道是什么？没错，就是故事。因为自始至终，故事一直都是我们理解所有信息的唯一工具。

这就是为什么如今我们更需要了解故事的作用，不仅是为了说服别人，也是为了让我们能够意识到哪些故事在操纵我们，试图让我们去做自己本会选择拒绝的事情。因为利用故事入侵大脑回路太容易了，我们易受操纵，从而相信虚假的事情而抵制真相，仿佛自身性命受到了威胁。在我写这篇文章时，这种现象已导致我们走向了两极分化的时代。

最初,我们的神经回路可以将小圈子团结起来,但这也带来了代价,让我们不太可能与其他社会圈的信仰产生共鸣。在推特上稍微读一读,就会看到人们试图用他们认为有说服力的事实来说服另一方。但往往我们其实并不想说服他人或被他人说服,只想博得已经和我们达成一致的同伴的支持。

那么,故事是否危险?答案是必然的。

这是否意味着读完本书后,我们应该摒弃故事,转而回归"可靠的"事实?不,而且在生理上这也是不可能的。因为无论我们接收多少信息、多少数据、多少事实,大脑仍然要把它们翻译成故事,从而弄清含义,并确定是否应该予以关注。

这意味着如果没有学会驾驭故事,最后一定会事与愿违,相当于把自己的权力转交给别人。但在这本书中,你已经明确故事具有说服力的关键就是要了解受众。你现在知道如何做到这一点,这就是你最重要的能力。

故事工具

无法驾驭故事,最后一定会事与愿违。

有了这种能力,你就能做看似非常困难,甚至难以置信的事情——走出自己的圈子,融入受众的生活。你可以通过受众的双眼看待世界。因此,你不会再无意间以自己的观点来评判受众,而是会从受众的观点进行理解。这不仅会辅助故事创作，还能帮你识别生活中的他人行为背后的动因，并真正地与之共情。这也包括你对自己行为的认识。

这让我们回到了"情感"。对我而言，这本书中最重要的一点，也是最普遍的真理，就是不应该恐惧情感、压抑情感或是将情感抛在一边，置之不理。情感是人类精神生命中的主体力量，理应接受，因为情感每时每刻都在为我们服务。我们所相信的、所知道的和所理解的一切都在情感中进行编码，我们的每一个决定和改变都受情感驱动。

这就是故事的作用。因为我们知道，想要说服他人，需要关注的问题不仅在于情感本身"是什么"，更在于"为什么"产生这种情感。而只有亲身体验或通过故事间接感悟，才能知道这种情感"为什么"存在。

无论是否有意为之，无论能否感受得到，故事每天都在改变我们。但通常情况下，我们并未发觉。

我们确实需要故事。故事不仅仅是为了娱乐。虽然故事的确具有娱乐性，但这是为了让我们关注它们。故事并非可有可无的选择。当故事令我们着迷时，它就已经侵入了我们的大脑，无论我们是否意识到这一点。故事结束时，我们发生了改变。然后我们开始行动，改变世界。

这就是你现在拥有的能力。请合理使用。

附录

Introduction

"WTF IS THIS NEW 'WALK FOREVER TO THE TAXI STAND' . . . ": Emily Nussbaum, Twitter post, October 20, 2019, 9:35 p.m., https://twitter.com/emilynussbaum/status/1186138913133551616.

"ONLY 40 PERCENT OF PEOPLE HAVE CHECKED THE 'ORGAN DONOR' BOX ON THEIR DRIVER'S LICENSES . . .": Andy Goodman, "Stories That Cause a Change of Heart (Literally)," *Free-Range Thinking*, December 2015, 1–2.

"THE QUESTION WAS: WHAT—SPECIFICALLY—WERE BRAZILIANS UTTERLY, MADLY PASSIONATE ABOUT? . . .": Luca Bertocci, "Which Business Are We Really in?: The Immortal Fans Campaign," LinkedIn, January 17, 2017, https://www.linkedin.com/pulse/which-business-we-really-luca-bertocci.

"AND SO THE 'IMMORTAL FANS' CAMPAIGN WAS BORN . . .": Sport Club Recife: Immortal Fans, YouTube video, 3:15, May 3, 2013, https://www.youtube.com/watch?v=kzmGExc1pfw (accessed 6/20/20).

"SPORT RECIFE FANS WANT TO BE FANS FOREVER—NOW THEY CAN . . .": Andrew Soergel, "Thousands of Brazilian Soccer Supporters Become 'Immortal Fans'," *U.S. News and World Reports*, June 3, 2014, https://www.usnews.com/news/newsgram/articles/2014/06/03/thousands-of-brazilian-soccer-supporters-become-immortal-fans.

"BY THE NEXT YEAR MORE THAN 66,000 CARDS HAD BEEN GIVEN OUT . . .": Julia Carneiro, "How Thousands of Football Fans Are Helping Save Lives," *BBC News*, June 1, 2014, https://www.bbc.com/news/magazine-27632527.

"BECAUSE STORY ISN'T A WAY TO ENGAGE, PERSUADE, AND INSPIRE OTHERS; IT'S THE WAY.": Antonio Damasio, *Self Comes to Mind: Constructing the Conscious Brain* (New York: Pantheon, 2010), 293.

"WHAT I DISCOVERED WAS THE SCIENCE BEHIND WHY STORY IS BUILT INTO THE ARCHITECTURE OF THE BRAIN.": Michael Gazzaniga, *Human: The Science Behind What Makes Your Brain Unique* (New York: Harper Perennial, 2008), 301–2.

Chapter 1

"CONSCIOUSNESS BEGINS WHEN BRAINS GAIN THE POWER . . .": Antonio Damasio, *The Feeling of What Happens: Body and Emotion in the Making of Consciousness* (New York: Mariner Books, October 2000), 30.

"IN MY THREE MONTHS AS A SENATOR, I HAVE ALREADY SEEN . . .": Cory Booker, "Cory Booker: Building on the Success of the War on Poverty: The Government's Half-Century of Effort Has Slashed Poverty Rates. It's Time To Strengthen and Scale up What Works," *Wall Street Journal*, January 24, 2014,

https://www.wsj.com/articles/cory-booker-building-on-the-success-ofthe-war-on-poverty-1390608039.

"ONE DAY AT PULASKI HIGH SCHOOL IN MILWAUKEE, A FIGHT BROKE OUT . . .": Paul Ryan, "Paul Ryan: A New Direction in the War on Poverty: It's Time for a New Approach, Says Paul Ryan," *Wall Street Journal*, January 24, 2014, https://www.wsj.com/articles/paul-ryan-a-new-direction-in-the-war-onpoverty-1390607947.

"THROW FACTS AT US, WE DUCK. PERSONIFY THOSE SAME

FACTS IN A STORY . . .": Paul J. Zak, "Why Inspiring Stories Make Us React: The Neuroscience of Narrative" *Cerebrum*, February 2, 2015, https://www.dana.org/article/whyinspiring-stories-make-us-react-the-neuroscience-of-narrative.

"WE ARE TWENTY-TWO TIMES MORE LIKELY TO REMEMBER SOMETHING WE LEARNED IN A STORY . . .": Jennifer Aaker, "Harnessing the Power of Stories" YouTube Video, 8:36, March 13, 2013, https://womens-leadership.stanford.edu/stories (accessed 6/27/2020).

"THAT NUMBER, AS I POINTED OUT IN MY FIRST BOOK, WIRED FOR STORY . . .": Timothy D. Wilson, *Strangers to Ourselves: Discovering the Adaptive Unconscious* (Cambridge, MA: Belknap Press of Harvard University Press, 2002), 24.

"OR IF YOU HAD TO CONSCIOUSLY OVERSEE EVERY DECISION YOU MAKE EVERY DAY . . .": Lisa A. Schwartz and Lucas Cuadros, "The Effects of the Environment on Decision-Making," *Journal of Financial Education* 43, no. 2 (2017): 223–34, https://www.jstor.org/stable/26573523 (accessed June 20, 2020).

"ONLY ABOUT SEVENTY OF THEM REQUIRE OUR CONSCIOUS DELIBERATION.": Sheena Iyengar, "How to Make Choosing Easier," TedSalon NY, 2011, 00:03, https://www.ted.com/talks/sheena_iyengar_how_to_make_choosing_easier/transcript (accessed 6/20/20).

"226 ON FOOD ALONE.": Brian Wansink and Jeffery Sobal, "Mindless Eating: The 200 Daily Food Decisions We Overlook," *Environment and Behavior*, January 1, 2007, https://doi.org/10.1177/0013916506295573.

"OUR BRAIN HAS THE CAPACITY TO BE TANGENTIALLY AWARE . . .": Wilson, *Strangers to Ourselves*, 24.

"WHEN IT COMES TO ACTUALLY FOCUSING ON THEM . . .":

Clara Moskowitz, "Mind's Limit Found: 4 Things at Once" *LiveScience*, April 28, 2008, https://www.livescience.com/2493-mind-limit-4.html.

"YOUR BRAIN IS A MERE 2 PERCENT OF YOUR BODY WEIGHT . . .": Yuval Noah Harari, *Sapiens: A Brief History of Humankind* (New York: Harper Perennial, 2015), 9.

"NEUROSCIENCE HAS DISCOVERED THAT OUR COGNITIVE UNCONSCIOUS . . .": Damasio, *Self Comes to Mind*, 275.

"OUR SURVIVAL IS A MISSION OUR COGNITIVE UNCONSCIOUS NEVER DEVIATES FROM . . .": Gazzaniga, *Human*, 226.

"INSTEAD, WE BELIEVE THAT WE'RE SEEING THINGS 'OBJECTIVELY' . . . ": Benjamin K. Bergen, *Louder Than Words: The New Science on How the Mind Makes Meaning* (New York: Basic Books, 2012), 19.

"HOW'S THE WATER?": David Foster Wallace, "This is Water: Full-Version David Foster Wallace Commencement Speech," YouTube Video, 22:43, May 9, 2013, https://www.youtube.com/watch?v=8CrOL-ydFMI (accessed 6/27/20).

"INSTEAD, THAT POWER HAS BEEN HIDING IN PLAIN SIGHT . . .": Brian Boyd, *On the Origin of Stories: Evolution, Cognition, and Fiction* (Cambridge, MA: Belknap Press of Harvard University, 2009), 19.

"THAT FEELING IS A SURGE OF THE NEUROTRANSMITTER DOPAMINE . . .": Read Montague, *Your Brain Is (Almost) Perfect: How We Make Decisions* (New York: Plume, 2007), 111.

"STORY INSTANTLY ACTIVATES TWO OTHER NEUROTRANSMITTERS: CORTISOL . . .": Zak, "Why Inspiring Stories Make Us React."

"BECAUSE WITHOUT A CLOSE-KNIT SOCIAL WORLD—A

TRIBE—WE WOULD STILL . . .": Harari, *Sapiens*, 10–12.

"MOST OF US HAVE BEEN TAUGHT THAT OUR BIG BRAINS EVOLVED TO ENABLE US . . .": Matthew D. Lieberman, *Social: Why Our Brains Are Wired to Connect* (New York: Crown, 2013), 28.

"EVOLUTION THUS FAVORED THOSE CAPABLE OF FORMING STRONG SOCIAL TIES.": Harari, *Sapiens*, 10.

"WE ARE SOCIAL TO THE CORE . . .": Gazzaniga, Human, 83.

"DIDN'T EXCEED 150 PEOPLE, EVEN ON HOLIDAYS.": Robin I. M. Dunbar, *Grooming, Gossip and the Evolution of Language* (Cambridge, MA: Harvard University Press, 1997), 77.

"IN FACT, WHILE WE'VE GIVEN GOSSIP A NEGATIVE RAP, SCIENTISTS BELIEVE IT . . .": Harari, *Sapiens*, 22–23.

"THE SIGNIFICANCE OF SOCIAL PAIN GOES BACK TO EVOLUTION . . .": Elitsa Dermendzhiyska, "Rejection Kills" *Psyche: A New Magazine from Aeon*, April 30, 2019, https://aeon.co/essays/health-warning-social-rejection-doesnt-onlyhurt-it-kills.

Chapter 2

"EVERY DECISION IS FUNNELED THROUGH THE APPROACH-OR-WITHDRAW MODE . . .": Gazzaniga, *Human*, 226.

"ATTENTION IS A SCARCE NEURAL RESOURCE BECAUSE IT IS METABOLICALLY COSTLY TO A BRAIN . . .": Zak, "Why Inspiring Stories Make Us React."

**"EVEN WHEN YOU *TRY* TO PAY ATTENTION TO SOMETHING

THAT FEELS TOTALLY IRRELEVANT . . .": Gazzaniga, *Human*, 286.

"CARBON DIOXIDE WILL INCREASE, REACHING LEVELS OF 717 PPM . . .": Science On a Sphere, National Oceanic and Atmospheric Administration, "Earth System Climate Change," (click on link for "script"), https://sos.noaa.gov/datasets/earth-system-climate-change/ (accessed 6/26/20).

"PEOPLE TEND TO THINK THAT OTHERS KNOW AND BELIEVE WHAT THEY KNOW . . .": Gazzaniga, *Human*, 190.

"ASSUME THAT OTHERS WILL DEFINE SITUATIONS AS WE DO.": Elizabeth Louise Newton, "The Rocky Road from Actions to Intentions" (PhD dissertation, Stanford University, 1990), 34.

"YOUR AUDIENCE, MEANWHILE, IS NOT PRIVY TO YOUR MENTAL PERFORMANCE.": Newton, "The Rocky Road from Actions to Intentions" 36.

"NOT BECAUSE WE'RE THICK HEADED OR ORNERY, BUT BECAUSE EONS . . .": Damasio, *Self Comes to Mind*, 55–56.

"TURNS OUT NEARLY ALL THE MEANING WE READ INTO THINGS ISN'T BUILT INTO OUR BRAIN A PRIORI . . .": Benjamin K. Bergen, *Louder Than Words: The New Science of How the Mind Makes Meaning* (New York: Basic Books, 2012), 19.

"THE GENERALLY ACCEPTED RULE IS PINK FOR THE BOYS, AND BLUE FOR THE GIRLS.": Jeanne Maglaty, "When Did Girls Start Wearing Pink?" *Smithsonian Magazine*, April 7, 2011, https://www.smithsonianmag.com/arts-culture/when-did-girls-start-wearing-pink-1370097.

"IT WASN'T UNTIL THE 1940S AND 1950S THAT THE 'STORY' BEHIND THE COLORS COMPLETELY REVERSED.": Jo B. Paoletti, *Pink* and Blue: Telling the Boys from the Girls in America, (Bloomington and Indianapolis: Indiana University Press, 2012), 89.

"AS IT TURNS OUT, WHILE WE ADORE DATA . . .": Tali Sharot, *The Influential Mind: What the Brain Reveals About Our Power to Change Others* (New York: Picador, Reprint 2018), 14–15.

"BACK WHEN NATURE REWIRED OUR BRAIN ABOUT 100,000 YEARS AGO . . .": Harari, *Sapiens*, 20–28.

"BECAUSE THE STRATEGIC INFO THAT EXPERIENCE TAUGHT US WAS SO RELIABLE AND UNCHANGING . . .": Steven Pinker, *How the Mind Works* (New York: W.W. Norton & Company, 1997/2009), 207.

"THERE'S ONE THING WE CAN'T CHANGE QUICKLY: OUR NEURAL WIRING.": Harari, *Sapiens*, 38.

"INDIVIDUALS ARE FORCED TO CONSIDER MORE INFORMATION AND OPPORTUNITIES . . .": Francis Heylighen, "Complexity and Information Overload in Society: Why Increasing Effciency Leads to Decreasing Control," *The Information Society*, 2002. https://www.researchgate.net/publication/249875564_Complexity_and_Information_Overload_in_Society_why_increasing_effciency_leads_to_decreasing_control.

"WE'RE WIRED TO INSTANTLY RESIST THOSE FACTS—OFTEN AS IF OUR LIFE DEPENDED ON IT.": George M. Salvich, et al, "Alleviating Social Pain: A DoubleBlind, Randomized, Placebo-Controlled Trial of Forgiveness and Acetaminophen" *Annals of Behavioral Medicine* 53, issue 12 (December 2019): 1045–54, https://doi.org/10.1093/abm/kaz015.

"DON'T PUT OFF UNTIL TOMORROW SOMETHING YOU CAN DO THE DAY AFTER TOMORROW.": Mark Twain, "Memoranda, The Late Benjamin Franklin," *Galaxy*, July, 1870, 138.

"ANTONIO DAMASIO CALLS 'SOCIOCULTURAL HOMEOSTASIS.'": Damasio, *Self Comes to Mind*, 27.

"THE STUDY CONCLUDED THAT '[T]HE BRAIN'S SYSTEMS FOR EMOTION, WHICH ARE PURPOSED TOWARD . . .'": Jonas T. Kaplan et al. "Neural Correlates of Maintaining One's Political Beliefs in the Face of Counterevidence" *Scientifc Reports* 6, Article 39589, December 2016, https://doi:10.1038/srep39589.

"THE BRAIN'S PRIMARY RESPONSIBILITY IS TO TAKE CARE OF THE BODY . . .": Brian Resnick, "A New Brain Study Sheds Light on Why It Can be So Hard to Change Someone's Political Beliefs," *Vox*, January 23, 2017, https://www.vox .com/science-and-health/2016/12/28/14088992/brain-study-change-minds.

"ONCE OUR AMYGDALA RECOGNIZES ANYTHING AS A THREAT . . .": Thierry Steimer, "The Biology of Fear- and Anxiety-Related Behaviors," *Dialogues in Clinical Neuroscience*, September 2002, 4(3): 231–49, https://www.ncbi.nlm.nih.gov/pmc/articles/PMC3181681

"IN FACT, PRESENTING PEOPLE WITH INFORMATION THAT CONTRADICTS THEIR OPINION . . .": Sharot, *The Influential Mind*, 7.

"THE PROBLEM IS THAT WHEN YOU HIT LISTENERS BETWEEN THE EYES . . .": Chip Heath and Dan Heath, *Made to Stick: Why Some Ideas Survive and Others Die* (New York: Random House, 2007), 234.

"NUMEROUS FMRI STUDIES HAVE SHOWN . . .": Gerry Everding, "Readers Build Vivid Mental Simulations of Narrative Stimulations, Brain Scans Suggest" *Source*, Washington University in St. Louis, January 26, 2009, https://source.wustl .edu/2009/01/readers-build-vivid-mental-simulations-of-narrative-situationsbrain-scans-suggest.

"THUS IT'S NO SURPRISE THAT, ACCORDING TO THE STUDY, 'THE WOMEN WHO WATCHED THE NEWS PROGRAM . . .'": Ohio State University, "TV Drama Can Be More Persuasive Than News Program, Study Finds," *ScienceDaily*, February 11, 2010, https://www.sciencedaily.com/releases/2010/02/100209144153.htm.

"SAYS EMILY MOYER-GUSÉ, CO-AUTHOR OF THE STUDY, 'MANY OF THE WOMEN WERE . . .'": Ohio State University, "TV Drama Can Be More Persuasive Than News Program, Study Finds."

"ONE OF THE REASONS SOME PEOPLE AVOID SAFER SEX BEHAVIORS IS . . .": Ohio State University, "TV Drama Can Be More Persuasive Than News Program, Study Finds."

Chapter 3

"I'VE LEARNED THAT PEOPLE WILL FORGET WHAT YOU SAID . . .": La Trisha McIntosh and La Tasha Taylor, "A Conversation with Dr. Maya Angelou," *Beautifully Said Magazine*, July 4, 2012. http://bsmandmedia.com/a-conversation-with-dr-maya-angelou.

"I HAVE SAID THAT ONE HORSE WAS GOOD, THE OTHER BAD . . .": Plato, *Phaedrus*, Trans. Benjamin Jowett, provided by The Internet Classics Archive, http://classics.mit.edu/Plato/phaedrus.html. (accessed 6/12/20).

"THERE IS ONLY ONE OPRAH WINFREY. SHE HAS ACHIEVED EXCELLENCE . . .": "Oprah Winfrey Becomes Special Contributor to 60 Minutes February 2, 2017, CBS News, https://www.cbsnews.com/news/oprah-winfrey-becomes-specialcontributor-to-60-minutes.

"SAYS OPRAH, '[IT'S] NEVER A GOOD THING WHEN I HAVE TO PRACTICE SAYING MY NAME . . .'": Lacey Rose, "Oprah Talks Apple Plans, 60 Minutes Exit, 'Leaving Neverland,' Backlash and Mayor Pete 'Buttabeep,

Buttaboop'," *The Hollywood Reporter*, April 30, 2019, https://www.hollywood-reporter.com/features/oprahwinfrey-talks-apple-plans-60-minutes-split-2020-election-1205311.

"FEELINGS AND EMOTIONS ARE CONSIDERED ELUSIVE ENTITIES, UNFIT TO SHARE THE STAGE . . .": Antonio Damasio, *Descartes' Error: Emotion, Reason, and the Human Brain* (New York, NY: Penguin Books, 1994), 159.

"NO SET OF CONSCIOUS IMAGES OF ANY KIND ON ANY TOPIC EVER FAILS . . .": Damasio, *Self Comes to Mind*, 25.

"EMOTIONS DO MORE THAN ADD RICHNESS TO OUR LIVES . . .": David Eagleman, The Brain: *The Story of You*, (New York: Vintage, Reprint Edition, 2017), 119.

"AN EMOTIONAL REACTION IS THE BODY'S WAY OF SAYING, 'HEY, SOMETHING . . .": Sharot, *The Influential Mind*, 40.

"EVEN IF OUR REASONING STRATEGIES WERE PERFECTLY TUNED . . .": Damasio, *Descartes' Error*, 191.

"ELLIOT WAS A SUCCESSFUL GUY: HE HAD A GREAT JOB, A LOVING FAMILY, AND HE WAS A ROLE . . .": Damasio, *Descartes' Error*, 139–51.

"HE STILL TESTED IN THE NINETY-SEVENTH PERCENTILE IN INTELLIGENCE.": Jonah Lehrer, *How We Decide* (Boston and New York: Houghton Mifflin Harcourt, 2009), 14.

"HE'D GO INTO HIS OFFICE AND WONDER . . .": Damasio, *Descartes' Error*, 139–51.

"MEMORY DIDN'T EVOLVE TO ALLOW US TO REMINISCE ABOUT THE PAST . . .": Dean D. Buonomano, *Your Brain Is a Time Machine: The Neuroscience and Physics of Time* (New York: W.W. Norton & Company, 2018), 10–11.

"WHETHER YOU REALIZE IT OR NOT, YOUR BRAIN IS AUTOMATICALLY ATTEMPTING TO PREDICT . . .": Buonomano, *Your Brain Is a Time Machine*, 20.

"THE AMYGDALA WORKS IN CONJUNCTION WITH PAST STORED MEMORIES AND OTHER STRUCTURES . . .": V. S. Ramachandran, *The Tell-Tale Brain: A Neuroscientist's Quest for What Makes Us Human* (New York: W.W. Norton, 2011), 65.

"THAT'S WHY COUPLING EMOTION WITH INFO VASTLY IMPROVES THE CHANCE THAT . . .": Monika Riegel et al, "Effect of Emotion on Memory for Words and Their Context," *Journal of Comparative Neurology*, November 2015, https://www.researchgate.net/publication/283730021_Effect_of_emotion_on_memory_for_words_and_their_context.

"MEMORIES OF EMOTIONAL EVENTS HAVE A PERSISTENCE AND VIVIDNESS THAT OTHER MEMORIES . . .": Elizabeth Phelps, "Human Emotion and Memory: Interactions of the Amygdala and Hippocampal Complex," *Current Opinion in Neurobiology* 14 (2004): 198–202.

"HUMAN EMOTIONS ARE ROOTED IN THE PREDICTIONS OF HIGHLY FLEXIBLE BRAIN CELLS, WHICH ARE . . .": Lehrer, *How We Decide*, 41.

"STORYTELLING PROVIDES HUMANS A POWERFUL MEANS FOR SHARING EMOTIONS WITH OTHERS . . .": Lauri Nummenmaa et al, "Emotional Speech Synchronizes Brains across Listeners and Engages Large-Scale Dynamic Brain Networks," *Neuroimage* 102, pt. 2 (2014): 498–509, doi:10.1016/j.neuroimage.2014.07.063.

"SYNCHRONIZATION WAS OBSERVED NOT ONLY IN BRAIN REGIONS IMPORTANT FOR . . .": Sharot, *The Influential Mind*, 38–39.

"EMOTIONAL LANGUAGE APPARENTLY PROVIDES A WAY FOR BRINGING MINDS TOGETHER . . .": Lauri Nummenmaa, "Emotional Speech Synchronizes Brains across Listeners," 498–509.

"THE ONLY PERSON WHO NEVER MAKES MISTAKES IS . . .": Jacob A. Riis, "Theodore Roosevelt," *American Monthly Review of Reviews* 22, no. 2 (August 1900): 184.

Chapter 4

"NARRATIVE IMAGINING—STORY—IS THE FUNDAMENTAL INSTRUMENT OF THOUGHT . . .": Mark Turner, *The Literary Mind: The Origins of Thought and Language* (Oxford, England: Oxford University Press, Revised Ed: 1998), 4–5.

"YOU KNOW WHAT IT IS UNTIL SOMEONE ASKS YOU TO DEFINE IT . . .": Confessions, St. Augustine of Hippo, Book 11, http://thewanderling.com/augustine_time.html (accessed 6/20/20).

"A BEGINNING A MIDDLE AND AN END . . .": Aristotle, trans. by Anthony Kenny, *The Poetics (Oxford World Classics)* (Oxford, England: Oxford University Press, reprint edition, 2013), 47.

"OUR BRAIN RESULTS SHOW THAT PEOPLE APPROACH NARRATIVE IN A STRONGLY CHARACTER-CENTERED . . .": McMaster University, "The Art of Storytelling: Researchers Explore Why We Relate to Characters," *ScienceDaily*, September 13, 2018, https://www.sciencedaily.com/releases/2018/09/180913113822.htm.

"SURGEON FINDS SCISSORS INSIDE OF PATIENT . . .": Steven Brown et al, "Storytelling Is Intrinsically Mentalistic: A Functional Magnetic Resonance Imaging Study of Narrative Production across Modalities," *Journal of Cognitive Neuroscience* 30, issue 9 (September 2018): 1298–1314. https://doi.org/10.1162/jocn_a_01294.

"THE ABILITY TO UNDERSTAND THE MENTAL STATE, OF ONESELF OR OTHERS, THAT UNDERLIES . . .": Peter Fonagy et al, "The Capacity for Understanding Mental States: The Reflective Self in Parent and Child and Its Signifcance for Security of Attachment," *Infant Mental Health Journal* 12, issue 3 (Fall 1991): 201–18. https://doi.org/10.1002/1097-0355(199123)12:3<201::AIDIMHJ2280120307>3.0.CO;2-7.

"WHEN WE'RE GRABBED BY A STORY, WE'RE INSTANTLY MAKING INFERENCES ABOUT . . .": McMaster University, "The Art of Storytelling: Researchers Explore Why We Relate to Characters," *ScienceDaily*, September 13, 2018.

"ONE OF THE BIGGEST CONTRIBUTIONS OF BRAIN IMAGING IS TO REVEAL . . .": Marcel Just and Melissa Ludtke, "Watching the Human Brain Process Information," *Nieman Reports*: The Nieman Foundation for Journalism at Harvard University 64, no. 2 (Summer 2010): 13–14. https://nieman-reports.org/articles/watchingthe-human-brain-process-information.

"THE VIDEO GARNERED 76 MILLION VIEWS GLOBALLY AFTER 3 MONTHS . . .": Anna Coscia, "Always, #LikeAGirl, Changing the Meaning of Words to Make Girls Proud to Be Girls," https://docplayer.net/86766206-Always-likeagirl-changingthe-meaning-of-words-to-make-girls-proud-to-be-girls-authored-by-annacoscia-agency-leo-burnett-london-client-p-g.html.

"A SIXTY-SECOND VERSION OF THE VIDEO RANKED AS THE MOST POPULAR DIGITAL . . .": Sara Perez, "P&G's #LikeAGirl Ad Scored the Most Social Buzz During Super Bowl 2015," *Tech Crunch*, February 1, 2015, https://techcrunch.com/2015/02/01/pgs-likeagirl-ad-scored-the-most-social-buzz-during-superbowl-2015.

"NOBODY WILL EVER SHARE ANYTHING THAT HAS THE ALWAYS LOGO ON IT . . .": Anna Coscia, "Always, #LikeAGirl, Changing the Meaning of Words to Make Girls Proud to Be Girls."

"WE HAD ALWAYS COMMUNICATED IT IN A FUNCTIONAL WAY . . .": Case Study: Always #LikeAGirl, *Campaign*, October 12, 2015, https://www.campaignlive.co.uk/article/case-study-always-likeagirl/1366870.

"MORE THAN HALF OF GIRLS LOSE CONFIDENCE DURING PUBERTY—A CONTRIBUTING FACTOR . . .": Anna Coscia, "Always, #LikeAGirl, Changing the Meaning of Words to Make Girls Proud to Be Girls."

"ONLY 19 PERCENT OF GIRLS AND WOMEN 16–24 HAVE A POSITIVE ASSOCIATION . . .": Anna Coscia, "Always, #LikeAGirl, Changing the Meaning of Words to Make Girls Proud to Be Girls."

"WE WANTED TO ADDRESS THE THINGS THAT CONTRIBUTE TO THE DROP OF CONFIDENCE IN GIRLS . . .": Kim Kauffman, "Leo's Cannes Contenders, '#LikeAGirl'," June 21, 2015, https://leoburnett.com/articles/work/what-itmeans-to-be-likeagirl.

"ANNA COSCIA OF LEO BURNETT. THE YOUNGER GIRLS, SHE SAID, 'RAN AND FOUGHT AND HIT . . .'": Anna Coscia, "Always, #LikeAGirl, Changing the Meaning of Words to Make Girls Proud to Be Girls."

"THE GOAL WAS 'TO TAKE VIEWERS ON AN EMOTIONAL JOURNEY' . . .": Anna Coscia, "Always, #LikeAGirl, Changing the Meaning of Words to Make Girls Proud to Be Girls."

"THAT NUMBER SKYROCKETED TO 76 PERCENT.": Aurora University Online, "4 Successful Integrated Marketing Communications Examples," September 13, 2018, February 21, 2017, https://online.aurora.edu/integrated-marketingcommunications-examples.

"ADOBE, WHICH MONITORS THE SOCIAL BUZZ AROUND THE SUPER BOWL ADS . . .": Sara Perez, "P&G's #LikeAGirl Ad Scored the Most Social Buzz During Super Bowl 2015."

"SHARING THE ALWAYS LOGO, TRIPLING THE BRAND'S TWITTER FOLLOWERS, AND GROWING THEIR YOUTUBE CHANNEL . . .": Anna Coscia, "Always, #LikeAGirl, Changing the Meaning of Words to Make Girls Proud to Be Girls."

Chapter 5

"THERE ARE NO FACTS, ONLY INTERPRETATIONS.": Friedrich Nietzsche, trans. Walter Kaufmann, trans., (New York: Penguin Books; U.S. Edition, 1977), 458.

"WHEN ATTEMPTING TO CREATE IMPACT, WE FIRST AND FOREMOST CONSIDER OURSELVES.": Sharot, *The Influential Mind*, 7.

"YOU CAN LOSE SIGNIFICANT PORTIONS OF PEOPLE.": Brian Handwerk, "ProEnvironment Light Bulb Labeling Turns Off Conservatives, Study Finds" *National Geographic News*, May 1, 2013, https://www.nationalgeographic.com/news/energy/2013/04/130430-light-bulb-labeling.

"TAKE THE EDGE OFF THE AIRPORT'S CONSTRUCTION WOES . .": Mary Forgione, "Jimmy Kimmel's New Airport Greeting: 'Welcome to LAX. We Apologize for the Construction'," *Los Angeles Times*, July 31, 2019, https://www.latimes.com/travel/story/2019-07-30/kimmel-dudamel-feniger-lax-welcome-announcements.

"AND AS STUDIES REVEAL, SMILING RELEASES DOPAMINE, ENDORPHINS . . .": Richard D. Lane and Lynn Nadel, *Cognitive Neuroscience of Emotion, Series in Affective Science* (New York: Oxford University Press, 2002), 345–70.

"AND SEROTONIN . . .": Keith J. Karren et al. *Mind/Body Health: The Effect of Attitudes, Emotions and Relationships* (New York: Benjamin Cummings, 2010), 461.

"WHICH THEN ALLEVIATE STRESS, LOWER YOUR BLOOD PRESSURE, AND . . .": Brian Luke Seaward, *Managing Stress: Principles and Strategies for Health and Well-Being* (Sudbury, Mass: Jones and Bartlett, 2009), 258.

"THAT OLD SAW, 'SMILE AND THE WORLD SMILES WITH YOU'? TURNS OUT . . .": Marianne Sonnby–Borgström, "Automatic Mimicry Reactions as Related to Differences in Emotional Empathy," *Scandinavian Journal of Psychology* 43, issue 5: 433–43.

"RIGHT OFF THE BAT WE KNOW THAT SEVEN OUT OF TEN AMERICANS ARE WORRIED ABOUT IT . . .": Anthony Leiserowitz et al, "Climate Change in the American Mind," November 2019, Yale University and George Mason University. New Haven, CT: Yale Program on Climate Change Communication, 4. https://climatecommunication.yale.edu/publications/climate-change-in-theamerican-mind-november-2019.

"(INCLUDING MORE THAN 50 PERCENT OF HOMEOWNERS)": Andrew Hurst, "Most Americans Are Concerned About Climate Change, but That Doesn't Mean They're Prepared for It," Value Penguin, October 15, 2019, https://www.valuepenguin.com/homeowners-insurance-concernedclimate-change-unprepared.

"THAT 70 PERCENT WORRY THEY'RE NOT DOING ENOUGH,

73 PERCENT SAY THEY'RE MOTIVATED TO MAKE CHANGES, BUT 51 PERCENT AREN'T SURE WHAT THEY CAN DO.": American Psychological Association, "Majority of US Adults Believe Climate Change Is Most Important Issue Today: Nearly Half of 18–34 Year Olds Say That Stress about Climate Change Affects Their Lives," ScienceDaily, February 7, 2020, https://www.sciencedaily.com/releases/2020/02/200207095418.htm.

"THE STORY I'M TELLING MYSELF ABOUT WHAT YOU'RE DOING IS . . .": Brené Brown, *Dare to Lead*, (London, UK: Vermilion, 2018), 247

Chapter 6

"IT'S HARD NOT TO LIKE SOMEONE ONCE YOU KNOW THEIR STORY . . .": Fred Rogers, *The World According to Mr. Rogers* (New York: Hachette, 2003).

"SEVEN IN TEN TEENS BELIEVE THAT CLIMATE CHANGE WILL CAUSE A GREAT DEAL OF HARM . . .": Sarah Kaplan and Emily Guskin, "Most American Teens Are Frightened by Climate Change, Poll Finds, and About 1 in 4 Are Taking Action," *Washington Post*, September 16, 2019, https://www.washingtonpost.com/science/most-american-teens-are-frightened-by-climate-change-poll-fndsand-about-1-in-4-are-taking-action/2019/09/15/1936da1c-d639-11e9-9610-fb56c5522e1c_story.html.

"MEN TEND TO DO MORE YARD WORK THAN WOMEN . . .": Mary Kilpatrick, "Men's Work or Women's? Who Mows the Lawn at Your House?," Cleveland.com, June 15, 2018, Updated January 30, 2019. https://www.cleveland.com/shatter/2018/06/who_mows_the_lawn_at_your_house.html.

"MEN ARE ALSO BECOMING MORE ENGAGED IN CARING FOR THEIR KIDS THAN EVER . . .": Brad Harrington et al, "The New Dad: The Career-Caregiving Conflict," Boston College Center for Work & Family, Carroll School of Management, 2017. https://www.researchgate.net/publication/329950085_The_New_Millennial_Dad_Understanding_The_Paradox_of_Today%27s_Fathers.

"LEADING THE WAY TOWARD MORE EQUITABLE AND JUST SOLUTIONS TO CLIMATE CHANGE . . .": "Gender and Climate Change: Strengthening Climate Action by Promoting Gender Equality" The International Union for Conservation of Nature, November, 2015, https://www.iucn.org/resources/issues-briefs/gender-and-climate-change.

"MOMS STILL DO 65 PERCENT OF THE CHILD-REARING AS COMPARED TO DADS . . .": Darcy Lockman, "What 'Good' Dads Get away with," *New York Times*, May 4, 2019, https://www.nytimes.com/2019/05/04/opinion/sunday/menparenting.html.

"MOTRIN: CASE STUDY . . .": "Motrin Mom Babywearing Ad," YouTube Video, 0:50, November 16, 2008, (accessed 6/20/20).

"AS ONE WOMAN TWEETED, 'I THINK THEY WERE TRYING TO BE EDGY AND EVEN PISSED OFF MY HUSBAND.'": "Motrin Ad Makes Moms Mad" November 16, 2008, YouTube Video, 2:38, https://www.youtube.com/watch?v=LhRy1N6R8Q. (accessed 6/20/20).

"ACCORDING TO FORBES 'WOMEN DRIVE SEVENTY TO EIGHTY PERCENT . . .'": Krystle M. Dais, "20 Facts and Figures to Know When Marketing to Women," Forbes, May 13, 2019, https://www.forbes.com/sites/forbescontentmarketing/2019/05/13/20-facts-and-fgures-to-know-when-marketing-to-women/#2cfc27eb1297. (accessed 8/2/20).

Chapter 7

"IT ISN'T THE MOUNTAINS AHEAD TO CLIMB THAT WEAR YOU OUT; IT'S THE PEBBLE . . .": Bryan Burwell, "Tossing Off Pebble Costs the Cardinals Mountain of the Bucks" *St. Louis Post-Dispatch*, November 23, 2003 as per The Quote Investigator, https://quoteinvestigator.com/2013/06/23/sand-in-shoe.

"MANY ECONOMISTS BELIEVE—THAT PEOPLE DO NOT ACT AGAINST THEIR ECONOMIC SELF-INTEREST . . .": Daniel Kahneman, *Thinking Fast and Slow*, (New York: Farrar, Straus and Giroux, 2013), 307.

"WE STRUGGLE WITH THE DIFFERENCE BETWEEN FITTING IN AND BELONGING . . .": Brené Brown, *The Gifts of Imperfection: Let Go of Who You Think You're Supposed to Be and Embrace Who You Are*, (Center City, MN: Hazelden Publishing, 2010), 25.

"IN ORDER TO HAVE ANY CHANCE OF SUCCEEDING, WE WOULD . . .": Jane Praeger, Strategic Communications: Student Project, Columbia University School of Continuing Education, 2009.

"THEIR NEW TAGLINE WAS SIMPLY 'ADD AN EGG'.": Drew Boyd, "A Creativity Lesson From Betty Crocker: Subtracting an Essential Element Creates Unexpected Value" *Psychology Today*, January 19, 2014, https://www.psychologytoday.com/us/blog/inside-the-box/201401/creativity-lesson-betty-crocker.

"YOU KNOW, IF IT'S LATE AT NIGHT, I'LL STAY AT A MOTEL 6 . . .": Stan Richards, "Motel 6, Tom Bodett and the Ad Campaign That Put Us on the Map: The Story of the Richards Group's Defining Work," Muse by Clio, May 7, 2019, https://musebycl.io/clio60/motel-6-tom-bodett-and-folksy-campaign-put-us-map.

"IN AN INTERVIEW IN *AD AGE* IN 2007 HE SUMMED IT UP THUSLY . . .": Kimberly D. Williams, "Actually, Motel 6 Doesn't Leave the Light on for You: Longtime Spokesman Tom Bodett Talks to Ad Age about Other Perks You Won't Get," *Ad Age*, August 30, 2007, https://adage.com/article/news/motel-6-leavelight/120172.

"ONE OF THE OTHER BIG REASONS TEENS GIVE FOR TEXTING WHILE DRIVING IS . . .": Mary Madden and Amanda Lenhart, "Teens and Distracted Driving: Major Findings," Pew Research Center: Internet and Technology, November 16, 2009, https://www.pewresearch.org/internet/2009/11/16/teens-and-distracteddriving-major-fndings.

Chapter 8

"THE HUMAN MIND IS A STORY PROCESSOR, NOT A LOGIC PROCESSOR . . .": Jonathan Haidt, *The Righteous Mind: Why Good People Are Divided by Politics and Religion* (New York, NY: Vintage, reprint edition, 2013), 328.

"LEGEND HAS IT THAT A SINGLE SKETCH, A SENTENCE OR TWO, GAVE US SOUTHWEST AIRLINES . . .": Tim Walker, "The Big Ideas That Started on a Napkin—from Reaganomics to Shark Week," *The Guardian*, April 10, 2017, https://www.theguardian.com/us-news/shortcuts/2017/apr/10/napkinideas-mri-reaganomics-shark-week.

"THE END OF OUR EXPLORING IS TO RETURN TO WHERE WE BEGAN AND TO SEE IT FOR THE FIRST TIME.": T. S. Eliot, *Four Quartets* (Boston: Mariner Books, 1968), 59.

"CASE STUDY: EXTRA GUM . . .": "Extra Gum: Can't Help Falling in Love Feat," Haley Reinhart, YouTube Video, 1:57, October 14, 2015, https://www.youtube.com/watch?v=NemtQx0m0Ss.

"EARNED MORE THAN SEVEN MILLION YOUTUBE VIEWS AND MORE THAN 78 MILLION FACEBOOK VIEWS . . .": (no author listed) "Make Me Cry: The Story Behind Wrigley Gum & Haley Reinhart's Unforgettable 'Sarah & Juan' Ad," *Billboard*, October 21, 2015, https://www.billboard.com/articles/videos/popular/6737465/wrigley-gum-haley-reinhart-cant-help-falling-in-love.

"CHEWING GUM SUPPRESSES APPETITE, RELIEVES STRESS, BOOSTS YOUR MEMORY, HELPS PROTECT YOUR TEETH, HELPS YOU . . .": Helen West, "Chewing Gum: Good or Bad," *Healthline*, October 27, 2016, https://www.healthline.com/nutrition/chewing-gum-good-or-bad.

"WE WANT TO EVOLVE FROM JUST BEING THE FUNCTIONAL SIDE OF THINGS TO . . .": Associated Press, "Burger King Ditches 'Have It Your Way' Slogan," Fox News, May 20, 2014, updated November 22, 2016, https://www.foxnews.com/food-drink/burger-king-ditches-have-it-your-way-slogan.

"DEATH PANELS" WAS DEEMED BY POLITIFACT "THE LIE OF THE YEAR.": Angie Drobnic Holan, "PolitiFact's Lie of the Year: 'Death Panels'," *Politifact*, December 18, 2009, https://www.politifact.com/article/2009/dec/18/politifact-lie-yeardeath-panels.

"WHAT I LEARNED WAS THAT TRUST CAN BE RECIPROCATED AND THAT PART OF HOW YOU CAN WIN . . .": Felicia Sonmez, Cleve R. Wootson, Jr., and Matt Viser, "Democrats Argue over Health Care and Other Core Issues—and the Direction of the Party" *Washington Post*, September 12, 2019, https://www.washingtonpost.com/politics/2019/09/12/september-democratic-debate-abc-univisionhouston.

"EVERY YEAR MORE THAN 330,000 ACCIDENTS ARE CAUSED BY DISTRACTED DRIVING . . .": Luke Ameen, "The 25 Scariest Texting and Driving Accident Statistics," ICEBIKE, (No pub date given), https://www.icebike.org/texting-and-driving.

"OUR BRAINS ARE WIRED SUCH THAT ANTICIPATING A REWARD NOT ONLY TRIGGERS APPROACH . . .": Sharot, *The Influential Mind*, 64.

"IF YOU WANT TO MOTIVATE SOMEONE TO TAKE A SPECIFIC ACTION, BE SURE TO GIVE . . .": Lauren A. Leotti et al, "Born to Choose: The Origins and Value of the Need to Control" *Trends in Cognitive Sciences* 14, issue 10 (October 1, 2010), https://doi:10.1016/j.tics.2010.08.001.

"IN NOAH'S VIDEO, WE SEE A GIRL PLAYING WITH HER DOG ON THE BEACH . . .": Noah DeVico, "Drive Smart Scholarship Entry 2019," YouTube Video, 0:59, December 19, 2018, https://www.youtube.com/watch?v=iPOOmuXSN2I (accessed 6/26/20).

"WHEN IT COMES TO ELICITING ACTION, IMMEDIATE REWARDS CAN OFTEN . . .": Sharot, *The Influential Mind*, 60.

"ONE STUDY PUBLISHED IN THE JOURNAL TRENDS IN COGNITIVE SCIENCE IN 2010 FOUND . . .": Lauren A. Leotti, "Born to Choose," 457-63.

Chapter 9

"CONFLICT IS THE BEGINNING OF CONSCIOUSNESS": M. Esther Harding, *The I and the Not-I: A Study in the Development of Consciousness*, (Princeton, NJ: Princeton University Press; First Princeton/Bollingen Printing edition, 1974), 82.

"PAYING ATTENTION IS AN APT METAPHOR, BECAUSE IT COSTS US SOMETHING BIOLOGICALLY TO . . .": Daniel J. Levitin, *The Organized Mind: Thinking Straight in the Age of Information Overload*, (New York: Dutton, reprint edition, 2015), 98.

"NARRATIVES THAT CAUSE US TO PAY ATTENTION AND ALSO INVOLVE US EMOTIONALLY . . .": Zak, "Why Inspiring Stories Make Us React."

"PEOPLE PREFER TO LEARN OF INFORMATION THAT THEY THINK WILL MAKE THEM FEEL GOOD, AND . . .": Sharot, *The Influential Mind*, 117.

"TESTED STORIES ABOUT 'HOT-BUTTON' ISSUES TO SEE HOW PEOPLE REACTED TO POTENTIALLY . . .": Zak, "Why Inspiring Stories Make Us React."

"LARGE-SCALE, SYSTEMIC CHANGE MAY BE THE ULTIMATE GOAL . . .": Andy Goodman, "The Vision Story and the F-Word" *Free-Range Thinking*, May 2019.

"WATERISLIFE TOLD THE STORY": "4-Year-Old's Bucket List—Water Is Life," YouTube Video, 2:11, August 1, 2013, https://www.youtube.com/watch?v=XYf82F3CHYo (accessed 6/26/20).

"IT WOULDN'T HAVE HAD NEARLY THE IMPACT OF THE STORY OF ONE LITTLE BOY.": Andy Goodman, "Stories or Data: Which Makes a Stronger Case? And What Happens When You Use Both? A 2007 Study Offers Some Surprising Answers," *Free-Range Thinking*, December 2009.

"CASE STUDY: SUBARU": "Subaru They Lived," YouTube Video, 0:32, February 12, 2014, https://www.youtube.com/watch?v=DC9ItosKkak (accessed 6/20/20).

"IT'S HOW THESE ACTIVITIES MAKE ME FEEL: MORE ENERGIZED, LESS STRESSED . . .": Jane E. Brody, "Changing Our Tune on Exercise," *New York Times*, August 27, 2012, https://well.blogs.nytimes.com/2012/08/27/changing-ourtune-on-exercise.

"THE THIRTY-SECOND VIDEO IS SIMPLE . . .": Diet Coke/Gillian Jacobs, YouTube Video, 0:30, February 2, 2018, https://www.youtube.com/watch?v=kEpuN7tRFRU (accessed 6/26/20).

"WE'VE STRIPPED AWAY THE GLOSSY MARKETING, AND WE'RE JUST TELLING PEOPLE HOW GOOD . . .": The Coca-Cola Company, "Diet Coke Launches Campaign to Support Rebrand in North America—'Because I Can'," January 25, 2018, https://www.coca-colacompany.com/news/diet-coke-launchescampaign-to-support-rebrand.

"IN THEIR DESPERATION NOT TO OFFEND ANYONE, THEY END UP BEING . . .": Jo Ellison, "How Diet Coke Opened a Can of Correctness—and Went Flat," *Financial Times*, April 3, 2018, .

"ONE PHILOSOPHICAL SOUL MUSED ON TWITTER, "THE COMMERCIAL MADE ME WONDER . . .": Todd in the Shadows, @ShadowTodd, Twitter post, September 23, 2018, 5:43 PM, https://twitter.com/search?q=Coke%20is%20in%20fact%20 deeply%20socially%20 shameful&src=typed_query.

Chapter 10

"EVERYTHING DEPENDS UPON EXECUTION; HAVING JUST A VISION IS NO SOLUTION.": Stephen Sondheim, *Sunday in the Park with George* (Lanham, MD: Rowman and Littlefeld, Applause Libretto Series, 2000), 147.

"SHE SAYS, 'AND ABOUT THE TIME I WAS IN MIDDLE SCHOOL, MY DADDY . . .'": CNN, "Elizabeth Warren just had her best moment of the 2020 campaign," March 19, 2019, https://lite.cnn.com/en/article/h_dc8f1d06a0f8fb7944d573782921bacb.

"STORIES LIVE IN THE SPECIFICS, THE SEEMINGLY SMALL DETAILS THAT HELP US SEE THE WORLD . . .": Andy Goodman, "So Much Story, So Few Words," *Free-Range Thinking*, June 2019.

"FROTHY ELOQUENCE NEITHER CONVINCES NOR SATISFIES . . .": Offce of the Secretary of the State of Missouri, "Missouri History: Why Is Missouri Called the 'Show Me' State?" https://www.sos.mo.gov/archives/history/slogan.asp (accessed 6/26/20).

"'THOUGHT IS MADE LARGELY OF IMAGES.' IMAGES DON'T MAKE US THINK . . .": Damasio, *Descartes' Error*, 106.

"DIRT ROAD": Jaime Harrison, Twitter post, November 4, 2019, https://twitter.com/harrisonjaime/status/1191464056500166656?lang=en.

"AS ANDREW MARANTZ RECOUNTS IN *THE NEW YORKER*, IN 1989, BEFORE HE WAS PRESIDENT OF RUSSIA, BORIS . . .": Andrew Marantz, "Silicon Valley's Crisis of Conscious: Where Big Tech Goes to Ask Deep Questions, *New Yorker*, August 19, 2019, https://www.newyorker.com/magazine/2019/08/26/silicon-valleys-crisis-of-conscience.

"WHEN I SAW THOSE SHELVES CRAMMED WITH HUNDREDS, THOUSANDS OF CANS . . .": Boris Yeltsin, *Against the Grain: An Autobiography* (New York, NY: Summit Books, 1990), 255.

Chapter 11

"THE GREATER THE TENSION, THE GREATER IS THE POTENTIAL.": C.G. Jung, *Alchemical Studies (Collected Works of C.G. Jung Vol. 13)* trans. Gerhard Adler, and R.F. C. Hull (Princeton, NJ: Princeton University Press; reprint edition, 1983), 154.

"THIS SUSPENSE IS TERRIBLE. I HOPE IT WILL LAST.": Oscar Wilde, *The Importance of Being Earnest*, (Mineola, NY: Dover Publications, 1990), 52.

**"RESEARCH SHOWS THAT WE'RE HAPPIEST WHEN WE'RE

WORKING ON DIFFICULT-BUT-POSSIBLE . . .": Paul A. O'Keefe, "Liking Work Really Matters," *New York Times*, September 5, 2014, https://www.nytimes.com/2014/09/07/opinion/sunday/go-with-the-flow.html.

"DAVID HUME NOTED SEVERAL CENTURIES AGO, 'IS THE CEMENT OF THE UNIVERSE.'": John P. Wright, *The Skeptical Realism of David Hume* (Manchester: Manchester University Press, 1983), 209.

"TAKE, FOR INSTANCE, E*TRADE'S TALKING BABY COMMERCIALS . . .": "E*Trade Superbowl Commercial with Baby," YouTube Video, 0:37, February 3, 2008, https://www.youtube.com/watch?v=X4GZfvXx9Js (accessed 6/20/20).

"THE CAMPAIGN PREMIERED IN 2008, AND E*TRADE WAS TARGETING ASPIRING SELF-DIRECTED . . .": Elena Malykhina, "E-Trade's 'Talking Baby' Returns for Super Bowl," *Adweek*, January 23, 2009, https://www.adweek.com/brandmarketing/e-trades-talking-baby-returns-super-bowl-105144.

"THE KID HUMANIZED THE WHOLE BUSINESS OF TRADING.": Bruce Horovitz, "Will the E-Trade Baby Keep on Talking?" *USA Today*, June 28, 2013, June 30, 2013, https://www.usatoday.com/story/money/business/2013/06/28/etrade-baby-grey-new-york-super-bowl-advertising/2472711.

"FOR SALE. BABY SHOES. NEVER WORN.": David Haglund, "Did Hemingway Really Write His Famous Six-Word Story? *Slate*, January 31, 2013, https://slate.com/culture/2013/01/for-sale-baby-shoes-never-worn-hemingway-probablydid-not-write-the-famous-six-word-story.html.

"FAILED SAT. LOST SCHOLARSHIP. INVENTED ROCKET.": Wired staff, "Very Short Stories," *Wired Magazine*, November 1, 2006, https://www.wired.com/2006/11/very-short-stories/.

"PLAYED GOLF. BOSS WON. KEPT JOB.": Paul Smith, "Not Sure

You're Doing This Right" (Response to the Hemingway 6-Word Challenge) (Comment section, second comment), October 14, 2014, https://leadwithastory.com/not-sureyoure-doing-this-right-response-to-the-hemingway-6-word-challenge.

"CASE STUDY: JETTA": Volkswagen "Big Day" Commercial, YouTube Video, 1:10, December 20, 2007, https://www.youtube.com/watch?v=lSEnzs8AocY (accessed 6/20/20).

"ONE MUST NEVER PLACE A LOADED RIFLE ON THE STAGE IF IT ISN'T GOING TO GO OFF . . .": Anton Chekhov, letter to Aleksandr Semenovich Lazarev (pseudonym of A. S. Gruzinsky), November 1, 1889, *Polnoe Sobranie Sochinenii I Pisem V Tridsati Tomakh, Pis'Ma*, Vol. 3 (Moscow, 1976), 273.

"WHICH IS PRESIDED OVER BY OUR OWN BELIEF SYSTEM . . .": Gazzaniga, *Human*, 270–73.

Chapter 12

"IF YOU REALLY WANT TO ESCAPE THE THINGS THAT HARASS YOU . . .": Seneca, trans. Robin Campbell, *Letters from a Stoic* (New York: Penguin Books Limited, 2004).

"THE REAL TRUE VOYAGE OF DISCOVERY CONSISTS NOT IN SEEKING NEW LANDSCAPES . . .": Marcel Proust, *Remembrance of Things Past*, trans. C. K. ScottMontcrieff (New York: Random House, 1934), 559.

"WHEN WE FIRST CREATED THE BABY, WE HAD NO IDEA IF IT WAS THE DUMBEST THING . . .": "E*Trade Babies" by Grey New York, Classic Advertising from the Adbrands Archive, 2008, Adbrands.net, https://www.adbrands.net/classicsetrade.htm.

"CASE STUDY: LYNDA.COM": "Lynda.com and the Making of the Mother of the Internet" Harvard Business School Digital Initiative, February 2, 2017, https://digital.hbs.edu/platform-digit/submission/lynda-com-and-the-making-of-themother-of-the-internet (accessed 6/26/20).

"ITS CO-FOUNDER, LYNDA WEINMAN, HAS BEEN CALLED THE 'MOTHER OF THE INTERNET'": Chloe Sorvino, "A Q&A with Mother of the Internet Lynda Weinman, Co-Founder of Lynda.com," *Forbes*, June 5, 2016, https://www.forbes.com/sites/chloesorvino/2016/06/05/a-qa-with-mother-of-the-internetlynda-weinman-cofounder-of-lynda-com/#5eee73bb4038.

"IN 2015 LINKEDIN LEARNING BOUGHT LYNDA.COM FOR 1.5 BILLION DOLLARS.": Jane Porter, "From Near Failure to a $1.5 Billion Sale: The Epic Story of Lynda.com," *Fast Company*, April 27, 2015, https://www.fastcompany.com/3045404/from-near-failure-to-a-15-billion-sale-the-epic-story-of-lyndacom.

"BACK IN 1995, LYNDA WAS A PROFESSOR AT ART CENTER COLLEGE OF DESIGN . . .": Lynda Weinman, conversation with the author, December 6, 2019.

"CONSIDERED BY MANY TO BE THE FIRST INDUSTRY BOOK OF ITS KIND, *DESIGNING WEB GRAPHICS* WAS INSTANTLY POPULAR . . .": Jane Porter, "From Near Failure to a $1.5 Billion Sale: The Epic Story of Lynda.com."

Chapter 13

"NINETY PERCENT OF LEADERSHIP IS THE ABILITY TO COMMUNICATE SOMETHING PEOPLE WANT.": Jordan Bonfante, "Dianne Feinstein: Charm Is Only Half Her Story," *Time Magazine*, Monday, June 18, 1990, http://content.time.com/time/subscriber/article/0,33009,970385-2,00.html.

"POSSESSING SUCH VALUABLE INSIDE INFO GIVES US A NIFTY BOOST IN SOCIAL STATUS.": Soroush Vosoughi et al, "The Spread of True and False News Online," *Science* 359, no. 6380 (March 9, 2018): 1146–51, https://science.sciencemag.org/content/359/6380/1146.

"NICOLAE CEAUŞESCU'S REGIME WAS NOTORIOUSLY BRUTAL AND OPPRESSIVE . . .": Jonathan Crow, "The Curious Story of How Bootlegged Hollywood Movies Helped Defeat Communism in Romania," *Open Culture*, February 26, 2014, http://www.openculture.com/2014/02/how-bootleggedamerican-movies-helped-defeat-communism.html.

"TEODOR ZAMFIR, BEGAN TO SMUGGLE AMERICAN MOVIES INTO THE COUNTRY . . .": *Chuck Norris vs Communism*, directed by Ilinca Calugareanu, A RatPac Documentary Films/Impact Partners/HBO Romania/WDR presentation in collaboration with Arte of a Vernon Films production in association with Passion Pictures, 2015.

"PEOPLE NEED STORIES, NO?": *Chuck Norris vs Communism*, directed by Ilinca Calugareanu.

致谢

我能够顺利完成本书，需要感谢太多人了，如果没有他们的鼎力相助，本书依然会停留在空想阶段。你知道的，我总会将写作这件事拖到明天，等我闲下来，或者等水逆的影响过去，也就是说无限期延迟。好在这本书写完了，这要归功于群体的智慧、鼓励和洞见，承蒙大家的厚爱！

首先，感谢卡丽·克拉克（Carrie Clarke），3 年前在阿尔伯克基的一次作家会议上，晚餐时她坐在我的旁边。当时她探过身，建议我写这本书。我刚开始写这本书时，她的鼓励、反馈和智慧对我有不可估量的帮助。

感谢马克·罗夫纳（Mark Rovner）几年前推荐给我的书名，当时我正为一个面向科学家的讲座起名，讲座内容是故事对传达观点的重要性。他果断地建议，就叫"无故事必死亡"吧。

感谢故事大师安迪·古德曼（Andy Goodman），他建议我用累西腓体育俱乐部的故事来开启本书的主线。

衷心感谢我亲爱的朋友林达·温曼（Lynda Weinman），感谢她对我的一贯支持并慷慨地和我分享她的故事。

感谢诺亚·德维科（Noah DeVico），他毫无保留地分享他"开车不发消息"视频背后的故事，热情洋溢地回答了我的每一个问题。

感谢简·普雷格（Jane Praeger）就故事在现实世界中的力量与我进行了长时间的讨论。

感谢杰森·本乐维（Jason Benlevi），在我写到故事对商界的影响时，他深刻的战略洞察力给了我很多帮助，更感谢我们十岁起开始的友谊。永远爱你。

写作是一项孤独的事业，如果没有一群了不起的朋友和作家的支持、鼓励并给我创造了良好的环境，我肯定会茫然不知所措，感谢克尔斯滕·库恩（Kristen Coon）、斯科特·威尔班克斯（Scott Wilbanks）、莎伦·贝克（Sharon Baker）、丽贝卡·佩克伦（Rebecca Pekron）、米歇尔·泰雷兹（Michelle Tellez）、PJ·阿尔（PJ Arnn）、辛西娅·安德森（Cynthia Anderson）、阿密特·查特瓦尼（Amit Chatwani）、米歇尔·菲奥尔达利索（Michelle Fiordaliso）、琼·麦凯布（Joan McCabe）、开罗兰·莱维特（Caroline Leavitt）、萨拉·克龙（Sara Cron）、吉姆·德威克（Jim DeVico）、艾莉·克龙·德威克（Ally Cron-DeVico）、尼克·克龙·德威克（Nick Cron-DeVico）、艾登·舍尔（Eden Sher）、杰夫·金德利（Jeff Kindley）、路易斯·金德利（Louise Kindley）、莫娜·弗里德曼（Mona Friedman）、弗朗西斯·菲普斯（Francis Phipps）和丝苔妮·格里莫丝（Stephanie Grimac）。

特别感谢科林·金德利（Colin Kindley,）、朱莉雅·鲍曼（Julia Bauman）、克里斯·尼尔森（Chris Nelson），这三位尤为要好的作家朋友,在我最需要的时候阅读了初稿并给予我一针见血的反馈。

衷心感谢视觉艺术学院的视觉艺术硕士项目主任内森·福克斯(Nathan Fox),感谢你专门花几个小时来和我讨论故事。你兴高采烈地告诉学生:"我不喜欢创造力这个词,因为它是如此形而上学,创造力到底有什么意义。"这句话我将永远记得。

感谢黛西·克龙·金德利(Daisy Cron-Kindley),她对故事的热爱——特别是关于《坏医生》《戴帽子的猫》和《恐怖的绒毛》三个故事——时刻提醒我,让我明白所有的工作都是值得的。

非常感谢爱女安妮,她本身就十分擅长讲故事,在我创作的过程中,她看了一版又一版书稿(甚至是早期几版不像样的稿子),并且以最柔和的方式来指出我最大的问题。致我的儿子彼得,你对书中观点的塑造和磨砺比任何人都多,感谢你的精彩见解。儿子,我承认,书中很多观点是我无耻地从你那里偷来的。

同样,我始终非常感谢詹妮·纳什(Jennie Nash),她那好似激光一样的洞察力帮助我一次又一次地抓住重点。

我也要对自由编辑苏珊·德弗雷塔斯(Susan DeFreitas)表示由衷的感谢,她不仅看到了我所追求的宏观图景,而且帮助我把它以极高的清晰度"印"在纸上。

在出版过程中可能发生的最可怕的事情之一是失去你的编辑。这本书是由与我长期合作的十速出版社编辑丽萨·威斯特摩兰(Lisa Westmoreland)提议签约的,她将我的前两本书推向世界。但就在我交出这本书终稿之前,她来信说决定在家照顾自己刚出生的孩子,会给我找一个新的编辑。我非常惊慌,因为这意味着一个陌生人要接手我的书，也许这个人手上有别的项目，却突然要为一本不是他购入的书腾出时间，和一个他不认识的作家合作。这不可能是好事。

好在继任编辑是独一无二的马特·英曼（Matt Inman）。马特极具洞察力，他给我的反馈使一切变得不同。他清楚地知道我想让这本书成为什么样子，并以他的风度、勇气、智慧以及恶作剧式的幽默感，帮助我达到目的。此外，我们都喜欢电影《热舞》，还有谁能与我如此契合呢？

一切都很好，但如果没有我出色的经纪人劳里·阿布克梅尔（Laurie Abkemeier），这些都不可能实现。和往常一样，她的出现使这个过程比我想象中要容易得多。永远深深感激她的付出并致以敬意。

最后，感谢我的终身益友，唐·哈尔珀恩（Don Halpern）。我们从相遇的那天起就开始争论；希望我们之间的争论永远不要停止。最后，向我的丈夫斯图尔特·德马（Stuart Demar）致以无尽感激。他是我的坚定拥护者，也是我整个写作过程中的支柱，总是按时准备好晚餐。这本书终于完成了，现在我们可以放松一下了。